Jan Meyling

Deutsche Entwicklungszusammenarbeit mit Afrika

Diplomica Verlag GmbH

Meyling, Jan: Deutsche Entwicklungszusammenarbeit mit Afrika, Hamburg, Diplomica Verlag GmbH 2016

Buch-ISBN: 978-3-95934-997-0
PDF-eBook-ISBN: 978-3-95934-497-5
Druck/Herstellung: Diplomica® Verlag GmbH, Hamburg, 2016

Bibliografische Information der Deutschen Nationalbibliothek:
Die Deutsche Nationalbibliothek verzeichnet diese Publikation in der Deutschen Nationalbibliografie; detaillierte bibliografische Daten sind im Internet über http://dnb.d-nb.de abrufbar.

© Diplomica Verlag GmbH
Hermannstal 119k, 22119 Hamburg
http://www.diplomica-verlag.de, Hamburg 2016
Printed in Germany

Inhaltsverzeichnis

Abbildungsverzeichnis

Annexverzeichnis

Abkürzungsverzeichnis

AA	Auswärtiges Amt
Anm.	Anmerkung
AU	Afrikanische Union, Nachfolgeorganisation der Organisation für Afrikanische Einheit (OAU)
BMZ	Bundesministerium für wirtschaftliche Entwicklung und Zusammen–arbeit
BIP	Bruttoinlandsprodukt
BNE	Bruttonationaleinkommen
BR	Bundesregierung
BRICS	Brasilien, Russland, Indien, China, Südafrika, die aufstrebenden Schwellenländer
CPA	Country Programmable Aid (Länderprogrammierbare Entwicklungszu-sammenarbeit)
DAC	Development Assistance Committe, Entwicklungszusammenarbeitsaus-schuss der OECD
DED	Deutscher Entwicklungsdienst
EU	Europäische Union
EZ	Entwicklungszusammenarbeit
FDI	Foreign Direct Investment/Direktinvestition
FZ	Finanzielle Zusammenarbeit, Instrument der EZ
G7/G8	Gruppe der 7/Gruppe der 8 führenden Industrienationen
GTZ	Deutsche Gesellschaft für Technische Zusammenarbeit
HLF	Hochrangige Foren zur Wirksamkeit der Entwicklungszusammenarbeit
IDA	International Development Association
IWF/IMF	Internationaler Währungsfonds (International Monetary Fund)
InWEnt	Internationale Weiterbildung und Entwicklung gGmbH
KfW	Kreditanstalt für Wiederaufbau
LDCs	Least Developed Countries/am wenigsten entwickelte Länder
LICs	Low Income Countries/Länder mit geringem Einkommen
LMICs	Lower Middle Income Countries (Länder mit unterem Einkommen im mittleren Bereich)
MDGs	Millennium Development Goals, Entwicklungsziele

MENA-Region	Middle East and North Africa (Nordafrika und der Nahe Osten)
Mio.	Millionen
Mrd.	Milliarden
NA	Nordafrika
NRO	Nichtregierungsorganisationen
OAU	Organisation für Afrikanische Einheit, Vorgängerorganisation der AU
ODA	Official Development Assistance/öffentliche Entwicklungszusammenarbeit
OECD	Organisation for Economic Co-operation and Development (Organisation für wirtschaftliche Zusammenarbeit und Entwicklung)
PBA	Programmbasierte AnsätzeQUANGO Quasi Governmental Organisation
RBA	Result Based Activities (Ergebnisorientierte Ansätze)
SDGs	Sustainable Development Goals (nachhaltige Entwicklungsziele); Nachfolger der MDGs
SSA	Subsahara-Afrika
TZ	Technische Zusammenarbeit, Instrument der EZ
U5MR	Under-Five-Mortality-Rate (Sterblichkeitsrate von Kindern unter 5 Jahren)
UMICs	Upper Middle Income Countries (Länder mit oberem Einkommen im mittleren Bereich)
UNDP	United Nations Development Programme (Entwicklungsprogramm der Vereinten Nationen)
USA	United States of America (Vereinigte Staaten)
Vgl.	Vergleiche
VN/UN	Vereinte Nationen (United Nations)
WEF	World Economic Forum (Weltwirtschaftsforum)

1. Einleitung

1.1. Problemstellung

Allein die Normativität des Begriffes „Entwicklung", erschwert es, eine objektive Analyse von Entwicklungszusammenarbeit zu verfassen.[1] Hinzu kommt, dass nicht nur angezweifelt wird, ob Entwicklungszusammenarbeit überhaupt einen positiven Effekt auf deren Empfänger hat, es wird teilweise sogar eine sofortige Einstellung gefordert, da negative Auswirkungen eben dieser überwägen.[2;3]

Fest steht, dass Entwicklungszusammenarbeit trotz einem genuinen Interesse, Länder bei ihren Entwicklungsprozessen zu unterstützen, zu keinem Zeitpunkt spannungs- und interessenfrei, sondern vielfach durch außenpolitische und außenwirtschaftliche Opportunitäten dominiert wurde und wird.[4]

Besonders die ärmste Region der Welt, Afrika südlich der Sahara, ist dennoch auf entwicklungsförderliche Unterstützung von finanzstarken Geberländern wie Deutschland angewiesen.[5;6]

Unabhängig von ihrer Daseinsberechtigung ist es somit wichtig, die Entwicklungszusammenarbeit kritisch nach ihrer Wirksamkeit und möglichen Interessenkonflikten zu durchleuchten und mögliche Verbesserungsmöglichkeiten zu prüfen.

Aus diesem Grund wird die deutsche Entwicklungszusammenarbeit, deren Anspruch es ist, Hunger und Armut zu besiegen, Demokratie und Rechtsstaatlichkeit zu stärken und die Kreierung sozialer und ökologischer Marktwirtschaften zu fördern, mit ihrem Schwerpunktkontinent, Afrika, untersucht.[7;8;9]

---

[1] Anm.: Zum Begriff der „Entwicklung" siehe Annex 1
[2] Vgl. Seitz, V. (2011), S. 23
[3] Vgl. Paldam, M./Doucouliagos, H. (2007), S. 27
[4] Vgl. Klingebiel, S. (2013), S. 3
[5] Vgl. Klingebiel, S. (2012), S. 2
[6] Vgl. BMZ (2014a)
[7] Vgl. DAC (2015), S. 11
[8] Vgl. BMZ (2015n)
[9] Vgl. BMZ (2014e), S. 12

1.2 Aufbau und Zielsetzung der Thesis

Primäres Ziel dieser Arbeit ist es, einen Einblick in die Arbeitsweise und Konzeption deutscher Entwicklungszusammenarbeit mit Afrika zu gewähren und diese nachfolgend bestmöglich zu bewerten.

Aus diesem Grund sollen nach der Klärung und Abgrenzung zentraler Begrifflichkeiten im zweiten Kapitel die Formen und das institutionelle System deutscher staatlicher Entwicklungszusammenarbeit dargestellt werden.

Ein angemessenes Verständnis von einigen wesentlichen Problemen afrikanischer Länder zu generieren ist Ziel des dritten Kapitels, um anschließend untersuchen zu können, ob die staatlichen Träger deutscher Entwicklungszusammenarbeit sich formal konzeptionell nach diesen Problemfeldern ausrichten.

Daraufhin folgt mit Kapitel fünf der Hauptteil dieser Thesis, eine tiefergehende Bewertung deutscher Entwicklungszusammenarbeit mit Afrika anhand von vier ausgewählten Indikatoren.

Diese Kriterien sollen zuerst vorgestellt und danach zur Analyse auf Deutschland angewendet werden.

Bei diesen handelt es sich um das allgemeine Finanzvolumen, die sektorale Zuteilung zur Bewältigung der Millennium Development Goals, Deutschlands Umsetzung der internationalen Wirksamkeitsagenda sowie die Allokationen nach Entwicklungsgrad des Empfängerlandes.

Nachfolgend werden die Ergebnisse der Analyse zusammengefasst, mögliche Handlungsempfehlungen gegeben und mit einem Ausblick auf die mittelfristige Zukunft deutscher Entwicklungszusammenarbeit verknüpft.

1.3 Begriffsabgrenzungen

1.3.1 Entwicklungspolitik, Entwicklungshilfe und Entwicklungszusammenarbeit

Abhängig von der Literatur werden die drei Begriffe Entwicklungspolitik, Entwicklungshilfe oder Entwicklungszusammenarbeit verwendet. Um Verwirrung zu vermeiden, werden diese nachfolgend voneinander abgegrenzt.

Kevenhörster und van den Boom bezeichnen Entwicklungspolitik als „Summe aller Mittel und Maßnahmen (…), die von Entwicklungs-[10] und Industrieländern eingesetzt werden, um die Lebenssituation in den Entwicklungsländern zu verbessern."[11] Demnach gäbe es kaum einen Bereich nicht von Entwicklungspolitik berührt würde. Die Innenpolitik der Entwicklungsländer wäre dann ebenso relevant wie Fragen bezüglich internationaler Handelsströme oder der Geldmarktpolitik.[12]

Während der Begriff der Entwicklungspolitik also ein sehr weit umfassender Begriff ist, wird Entwicklungszusammenarbeit (EZ) oft als der mit direktem Ressourcentransfer verbundene Teil der Entwicklungspolitik gefasst.[13]

Die Nehmerländer verfolgen also selbst eine Entwicklungspolitik, Entwicklungszusammenarbeit bedeutet daher nach ihrem Anspruch nichts anderes als ein Beitrag zur Unterstützung der Eigenanstrengungen und Projekte der Entwicklungsländer.[14]

Somit definieren Kevenhörster und van den Boom EZ als „das Bündel an Maßnahmen, Projekten und Programmen der Institutionen staatlicher und nichtstaatlicher Entwicklungszusammenarbeit, deren Ziel es ist, in Ländern mit signifikanten ökonomischen, sozialen, ökologischen und politischen Problemen eine Verbesserung der Lebensumstände für eine Mehrheit der Bevölkerung zu erreichen."[15]

Der Begriff Entwicklungshilfe unterscheidet sich nicht von dieser Definition. Um den Aspekt der Zusammenarbeit hervorzuheben, wird im amtlichen Sprachgebrauch allerdings der Begriff der EZ verwendet. [16;17]

1.3.2 Entwicklungsland

Es gibt keine einheitliche Definition, was genau ein Entwicklungsland ist. Für Deutschland zählen ein niedriges Pro-Kopf-Einkommen, eine mangelhafte Gesundheitsversorgung, eine hohe Kindersterblichkeitsrate und eine geringe Lebenserwartung sowie mangelhafte Bildungsmöglichkeiten, eine hohe Analphabetenquote, hohe Arbeitslosigkeit, ein insgesamt niedriger Lebensstandard und eine extrem ungleiche Verteilung der vorhandenen Güter zu den signifikantesten Merkmalen eines Entwicklungslandes.[18]

---

[10] Anm.: Für eine Definition des Begriffes „Entwicklungsland" siehe nächster Abschnitt
[11] Kevenhörster, P./ van den Boom, D. (2009), S. 13 ff.
[12] Vgl. Kevenhörster, P./ van den Boom, D. (2009), S. 13 ff.
[13] Vgl. Andersen, U. (2004), S. 95
[14] Vgl. Kevenhörster, P./ van den Boom, D. (2009), S. 15
[15] Kevenhörster, P./ van den Boom, D. (2009), S. 13
[16] Vgl. Nuscheler, F. (2004), S. 226
[17] Vgl. Andersen, U. (2004), S. 95
[18] Vgl. BMZ (2015q)

International wird meistens die Liste des Entwicklungsausschusses (DAC)[19] der Organisation für wirtschaftliche Zusammenarbeit und Entwicklung (OECD)[20] angewandt zur Einordnung, welche Länder offiziell als Entwicklungsländer anerkannt werden.

Zudem unterteilt der DAC die Entwicklungsländer nach Pro-Kopf-Einkommen alle drei Jahre neu in vier Kategorien.[21]

Im späteren Fokus dieser Thesis stehen insbesondere die afrikanischen Länder der ersten Kategorie „Least Developed Countries" (LDCs).[22] Andere Länder und Territorien mit geringem Einkommen[23] (Bruttonationaleinkommen[24]/BNE pro Kopf bis $1,045 in 2013), unterem mittlerem[25] (BNE pro Kopf bis $ 4,125 in 2013) sowie oberem mittlerem Einkommen[26] (BNE pro Kopf bis $12,725 in 2013) vervollständigen die besagte Liste.[27;28;29]

1.3.3 Official Development Assistance

Um die EZ-Leistungen von Geberländern an Nehmerländer quantitativ messbar machen zu können, wurde vom DAC der für diese Thesis zentrale Begriff der „Official Development

---

[19] Anm.: Der Entwicklungsausschuss der OECD, der Development Assistance Committee (DAC) legt unter anderem Qualitätsstandards für die Entwicklungszusammenarbeit fest und erarbeitet Grundsätze und Leitlinien zur Wirksamkeit von EZ. Die DAC-Länderprüfungen (Peer Reviews) bilden einen weiteren Arbeitsschwerpunkt, in denen nach einheitlichen Verfahren und in regelmäßigen Abständen (alle vier bis fünf Jahre) das entwicklungspolitische Engagement der Mitgliedsländer überprüft wird. Momentan besteht der DAC aus 29 Mitgliedern, u.a. Deutschland, den United States of America (USA) und der Europäischen Union (EU). Vgl. BMZ **(2015v)**; OECD **(o.J.c)**

[20] Anm.: Die 1960 gegründete OECD (Organisation for Economic Co-operation and Development) bietet Regierungen ein internationales Forum der Zusammenarbeit mit dem Ziel, eine Politik zu befördern, die das Leben der Menschen weltweit in wirtschaftlicher und sozialer Hinsicht verbessert. Unter den 34 Mitgliedstaaten befinden sich 21 Länder der EU. Schlüsselpartner für eine enge Zusammenarbeit sind zudem die BRICS-Staaten (Brasilien, Russland, China, Indien und Südafrika) sowie Indonesien. Vgl. OECD **(o.J.d)**; OECD **(o.J.g)**; OECD **(o.J.f)**; OECD **(o.J.f)**

[21] Vgl. BMZ **(2015q)**

[22] Anm.: Momentan zählen 48 Länder zu den LDCs. Mit mehr als 800 Millionen Einwohnern stellen sie zwar um die 12 % der gesamten Weltbevölkerung, tragen aber lediglich einen Anteil von weniger als 2 % zum weltweiten Brutto-Inlands-Produkt (BIP) und weniger als 1 % zum globalen Welthandel bei. Vgl. United Nations OHRLLS **(2016)**

[23] Anm.: „Low Income Countries" (LIC)

[24] Anm.: Das Bruttonationaleinkommen/BNE beschreibt das an alle Staatsangehörigen eines Landes im In- und Ausland geflossene Einkommen aus Erwerbstätigkeit und Vermögensbesitz im Jahr. Demgegenüber beschreibt das Bruttoinlandsprodukt/BIP als Maß für die gesamte wirtschaftliche Leistung einer Volkswirtschaft den Wert aller im Inland produzierter Waren und Dienstleistungen (abzüglich aller Vorleistungen) innerhalb eines Jahres. Vgl. Horvath, M. e. a. **(o.J.)**; K. Frhr. von Weizsäcker, R. et al **(o.J.)**

[25] Anm.: „Lower Middle Income Countries" (LMIC)

[26] Anm.: „Upper Middle Income Countries" (UMIC)

[27] Vgl. OECD **(o.J.b)**

[28] Anm.: Für die aktuelle Liste der Entwicklungsländer nach Kategorien siehe Annex 2.

[29] Anm.: In der verwendeten Literatur werden, abhängig von der Institution, unterschiedliche Währungen verwendet. Die deutschen Träger beispielsweise verwenden Euro-Angaben, die OECD oder Weltbank stützen sich auf Angaben in US-Dollar. Da die angeführten Zahlen meist ausschließlich zum Aufzeigen von Trends und Veränderungen eingesetzt werden, können die verschiedenen Währungsangaben und Wechselkurse vernachlässigt werden.

Assistance" (ODA)[30] als international anerkannte Messgröße zur Erfassung öffentlicher Entwicklungsleistungen eingeführt.[31] Sie misst die Aufwendungen der Geberländer für Entwicklungszusammenarbeit und hilft somit die Leistungen der Geber vergleichbar zu machen.[32] Die auf der im vorherigen Abschnitt auf der benannten Liste des DAC stehenden „Entwicklungsländer" sind die potenziellen Empfänger von ODA.[33]

Damit ein Geberland Leistungen an die Entwicklungsländer als ODA anrechnen lassen kann, müssen bestimmte Bedingungen erfüllt sein.[34]

Zu diesen Bedingungen zählen, dass erstens *öffentliche Leistungen als Transfers von Mitteln* (Geld, Waren, Dienstleistungen), zweitens mit dem *Hauptziel der Förderung der wirtschaftlichen und sozialen Entwicklung von Entwicklungsländern* und drittens *an Entwicklungsländer beziehungsweise in Ausnahmefällen an Staatsangehörige von Entwicklungsländern oder an internationale Organisationen zugunsten von Entwicklungsländern* vergeben werden müssen.[35]

Diese Bedingungen, besonders die zweite, lassen einigen definitorischen Spielraum zu. Bemerkenswert und von Relevanz für diese Thesis im späteren Verlauf ist die Tatsache, dass es sich bei einigen als ODA anrechenbaren Leistungen offensichtlich um lediglich statistische Größen handelt.[36] Zudem müssen zwar finanzielle Leistungen, bei denen es sich nicht um Zuschüsse (also Schenkungen) handelt, nach dem Prinzip der „Konzessionalität" ein sogenanntes Zuschuselement von mindestens 25 % aufweisen.[37;38] Diese Leistungen können aber zu 100% als ODA angerechnet werden, was die ODA-Leistung eines Landes neben den statistischen Größen künstlich „aufbläht".[39]

---

[30] Anm.: Wenngleich erst im späteren Verlauf der Thesis relevant, soll der Vollständigkeit halber bereits hier darauf hingewiesen werden, dass bei statistischen Erhebungen zwischen Brutto- und Netto-ODA unterschieden wird. Brutto-ODA umfasst die Leistungen, die ein Geber insgesamt im Jahr leistet, während die Netto-ODA durch die Brutto-ODA abzüglich der Tilgungserlöse von Darlehen vorheriger Jahre an Nehmerländer (ohne die Zinserlöse), Gegenbuchungen von Schuldenerlassen und Verkaufserlöse aus Beteiligungen berechnet wird. Vgl. OECD **(o.J.e)**
[31] Vgl. Klingebiel, S. **(2013)**, S. 5
[32] Vgl. BMZ **(2016j)**
[33] Vgl. BMZ **(2015q)**
[34] Vgl. BMZ **(2016j)**
[35] Vgl. BMZ **(2016j)**
[36] Anm.: So können Geberländer etwa die Kosten für Flüchtlinge bzw. Asylsuchende im ersten Jahr ihres Aufenthalts im Gastland auf die ODA anrechnen. Dies schließt zum Beispiel die Kosten für die Unterbringung, Sprachkurse, Verpflegung und sogar die freiwillige Rückführung abgelehnter Asylsuchende in ihr Heimatland ein. Auch Studienplatzkosten im Geberland für Staatsangehörige eines Entwicklungslandes, Ausgaben für entwicklungspolitische Bewusstseinsbildung oder länderspezifische Forschung können als ODA angerechnet werden, obwohl diese Ausgaben den Entwicklungsländern wenn überhaupt nur indirekt zu Gute kommen, da das ausgegebene Geld den Wirtschaftskreislauf des Geberlandes höchstwahrscheinlich zum großen Teil nicht verlassen wird. Vgl. Martens, J. **(2015)**; BMZ **(2016j)**
[37] Anm.: Unter Berücksichtigung der Kreditlaufzeit und des Zinssatzes ergibt sich das Zuschuselement aus dem Vergünstigungsgrad gegenüber einer kommerziellen Leistung. Vgl. OECD **(2008)**, S. 1 ff.
[38] Vgl. OECD **(2008)**, S. 1 ff.
[39] Vgl. Knoke, I./Morazán, P. **(2011)**, S. 8

2. Die deutsche Entwicklungszusammenarbeit – Eine Einführung

2.1 Formen der deutschen Entwicklungszusammenarbeit

Größtenteils lassen sich die ODA-Leistungen Deutschlands in bi- und multilaterale Entwicklungszusammenarbeit unterteilen.[40]

Während es sich bei bilateraler EZ um einen einzelnen Geber (Staat) handelt, sind bei multilateraler EZ internationale Einrichtungen als Geber tätig.[41]

Die Grundlage der staatlichen Entwicklungszusammenarbeit sind offizielle Vereinbarungen zwischen Deutschland und seinen Kooperationsländern,[42] deren Ergebnisse in völkerrechtlich bindenden Verträgen festgeschrieben werden.[43]

Darüber hinaus ist Deutschland Mitglied vieler internationaler Organisationen, über deren Kanäle multilaterale EZ geleistet wird, etwa über die Vereinten Nationen (VN) [44] und OECD.[45] Die Bundesrepublik unterstützt diese nicht nur finanziell, sondern beteiligt sich zudem an der Erarbeitung ihrer Strategien, der Gestaltung ihrer Programme und an der Zielumsetzung.[46]

---

[40] Anm.: Es gibt noch neuere Formen der EZ, etwa „Dreieckskooperationen" (erste Pilotprojekte gab es seit 1980), bei der eine Industrienation und ein Schwellenland zusammen als Geber von Know-how und finanziellen Mitteln ein Projekt in einem Entwicklungsland umsetzen. So können Schwellenländer eigene Erfahrungen aufgrund vergleichbarer Entwicklungsschritte an Entwicklungsländer weitergeben und selbst eine gute Orientierung vom traditionellen Geber (der Industrienation) für den Ausbau und die Professionalisierung der eigenen EZ erhalten. Dreieckskooperationen bieten darüber hinaus die Möglichkeit, international ein kohärentes Verständnis von Entwicklungszusammenarbeit aufzubauen. Weitere Vorteile können u.a. entstehen, wenn das Schwellenland über einen ähnlichen sozio-kulturellen Hintergrund wie das Empfängerland verfügt und somit die Zusammenarbeit erleichtert wird. Deutschland ist etwa in einer entsprechenden trilateralen Kooperation mit Südafrika in anderen afrikanischen Ländern aktiv. Vgl. BMZ **(2014d)**; BMZ **(2015a)**; BMZ **(2013b)**
[41] Vgl. Klingebiel, S. **(2013)**, S. 1
[42] Anm.: Im amtlichen Sprachgebrauch wird statt dem Begriff „Nehmerland" oft der Begriff „Kooperationsland", „Partnerland" oder „Kooperationspartner" verwendet, höchstwahrscheinlich aus demselben Kalkül, welches "Entwicklungshilfe" zu „Entwicklungszusammenarbeit" werden ließ. Für einen abwechslungsreicheren Lesefluss finden sich alle vier Begriffe in dieser Thesis wieder und sind als synonym zu betrachten.
[43] Vgl. BMZ **(2015g)**
[44] Anm.: Ein zwischenstaatlicher Zusammenschluss seit 1945 von momentan 193 Staaten, der gemäß seiner Charta unter anderem die Sicherung des Weltfriedens, die Förderung der internationalen Zusammenarbeit und den Schutz der Menschenrechte zum Ziel hat. Wird eine englische Quelle der VN zitiert, werden die VN gemäß des englischen Ausdrucks als „United Nations" (UN) bezeichnet. Vgl. United Nations **(o.J.)**
[45] Anm.: Die Zusammenarbeit in multilateralen Organisationen kann überaus vorteilhaft sein. Etwa durch die Tatsache, dass viele der großen Probleme der Gegenwart wie Terrorismus, Klimawandel, Bürgerkriege, Umweltzerstörung, Ressourcenknappheit grenzüberschreitende und globale Herausforderungen sind und kollektive Handlungsmuster erforderlich machen. Durch das Zusammenbringen von Ressourcen können des Weiteren Aufgaben erfüllt werden, die einzelne bilaterale Geber überfordern. Eigeninteressen von einzelnen Geberländern können sich deutlich weniger niederschlagen und Partnerregierungen haben teilweise bessere Mitwirkungsmöglichkeiten an Entscheidungsprozessen von multilateraler EZ, da sie selbst in den Aussichtsgremien vertreten sind. Dies erhöht die Legitimität der EZ in den Partnerländern. Vgl. Klingebiel, S. **(2013)**, S. 24ff.; BMZ **(2015n)**; BMZ **(2014i)**
[46] Vgl. BMZ **(2014b)**

Im Rahmen dieser Thesis soll besonders die bilaterale Entwicklungszusammenarbeit betrachtet werden, da sich dort die „deutsche Handschrift" der EZ deutlich differenzierter analysieren lässt[47] und das ODA-Volumen mehr als zwei Drittel des ODA-Gesamtvolumens ausmacht.[48] Grundsätzlich besteht die bilaterale EZ aus zwei Instrumenten:[49] Der Finanziellen Zusammenarbeit (FZ)[50] und der Technischen Zusammenarbeit (TZ).[51]

Bei der FZ handelt es sich überwiegend um günstige Kredite, die Deutschland den Nehmerländern zur Verfügung stellt. Für die ärmsten Entwicklungsländer, die bereits erwähnten LDCs, wird das Geld als Zuschuss gewährt, der nicht zurückgezahlt werden muss. Mit den Mitteln der FZ können etwa für die Entwicklung des Landes wichtige Investitionen in Infrastruktur und Finanzsysteme getätigt werden.[52] Unterschieden werden kann hier zwischen der Programmfinanzierung, die Vorhaben der Nehmerländer bezuschusst und Projektfinanzierung, die separate Geberprojekte aufbaut.[53]

Demgegenüber hat das Instrument der deutschen Technischen Zusammenarbeit vor allem das Ziel, über Beratung durch Fachkräfte sowie der Vermittlung von Know-how und Fähigkeiten einen Beitrag zur Unterstützung der Menschen und Organisationen in den Kooperationsländern zu leisten. Dazu gehören etwa die Finanzierung von Beratungsleistungen oder die Bereitstellung von Ausrüstung und Material für die Ausstattung der geförderten Einrichtungen. TZ ist als Ergänzungsleistung zur Unterstützung der Projekte der Kooperationspartner gedacht. Für die Kooperationsländer Deutschlands wird sie unentgeltlich geleistet.[54]

TZ und Netto-FZ machen jeweils etwa 30 % einen gleichen Anteil an der gesamten bilateralen Netto-ODA Deutschlands (2014) aus. Betrachtet man jedoch den Anteil der Brutto-FZ an

---

[47] Anm.: Etwaige Eigeninteressen lassen sich natürlich sehr viel direkter bei bilateraler EZ berücksichtigen, etwa durch das Vorenthalten von EZ zur außenpolitischen Sanktionierung des Empfängerlandes oder durch die Bevorzugung von Unternehmen aus dem Geberland bei der Ausführung der EZ-Leistungen. Zudem kann der Geber die Ausrichtung der Unterstützungsleistungen unmittelbarer bezüglich der Themen und Auswahl der Länder bestimmen. Dies verschafft ihm eine höhere Sichtbarkeit im eigenen Land (gegenüber dem Parlament, der Öffentlichkeit etc.), aber auch im Kooperationsland. Somit wird die bilaterale EZ auch als das „Gesicht" deutscher EZ bezeichnet. Vgl. Klingebiel, S. (2013), S. 24; BMZ (2015g)

[48] Anm.: Aufgrund genannter Argumente ist es wenig verwunderlich, dass obwohl seit 2013 kein Zwang mehr durch den Haushaltsausschuss des Deutschen Bundestages zu einer Deckelung des Anteils an multilateraler ODA besteht, es sich Ende 2013 lediglich bei 29% und 30% Ende 2014 der deutschen ODA-Gesamtleistungen um Beiträge zu den Kernhaushalten multilateraler Organisationen handelte, ein international betrachtet häufiger Umstand. Vgl. DAC (2015), S. 17 ff.; BMZ (2016k), S. 1; S. 1; Klingebiel, S. (2013), S. 24

[49] Anm.: Auf weitere Instrumente, wie etwa dem einjährigen entwicklungspolitischen Freiwilligendienst „weltwärts", dem dreimonatigen ASA-Programm für Studenten und Graduierte, Hochschulprogrammen oder der Reintegration ausländischer Fachkräfte soll aufgrund eines sehr geringen Anteils an der Gesamt-ODA nicht eingegangen werden. Vgl. BMZ (2015j); BMZ (2014g); BMZ (2013e); BMZ (2013k)

[50] Anm.: Wie bei ODA-Strömen wird zwischen Brutto- sowie Netto-FZ-Leistungen unterschieden. Der Unterschied zwischen und Brutto- und Netto-FZ ist derselbe wie bei Brutto- und Netto-ODA. Vgl. BMZ (2016c); BMZ (2015f), S. 1

[51] Vgl. BMZ (2014j)

[52] Vgl. BMZ (2013d)

[53] Vgl. Klingebiel / Leiderer / Schmidt 2007; Janus 2012, zitiert nach Klingebiel, S. (2013), S. 45

[54] Vgl. BMZ (2013m)

der bilateralen Brutto-ODA (etwa 44% in 2014) gegenüber dem Anteil der TZ (23,5%) wird ersichtlich, dass FZ vom Volumen her das wichtigste Instrument deutscher EZ ist.[55]

2.2 Das institutionelle System deutscher EZ

2.2.1 Einleitung

Innerhalb der deutschen EZ ist eine Vielzahl von Akteuren tätig, wie Abbildung 1 zeigt:

Abbildung 1: Das deutsche institutionelle System der Entwicklungszusammenarbeit

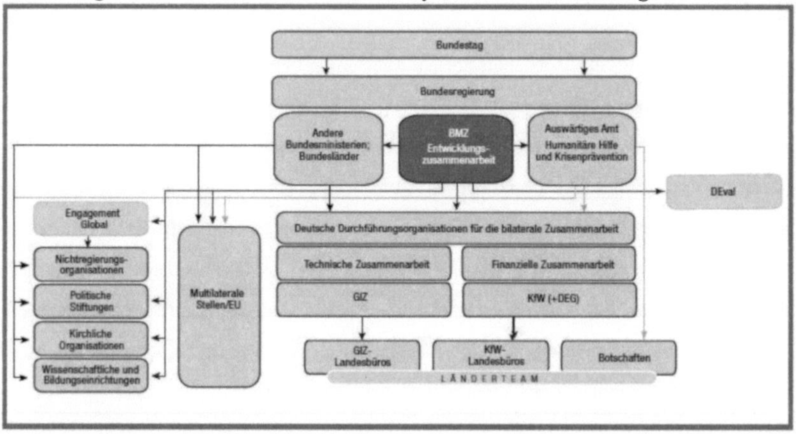

Quelle: DAC (2015), S.53

Kategorisieren lassen sich diese vielfältigen Akteure in staatliche und nicht-staatliche Träger von EZ. Aufgrund des begrenzen Umfangs der Thesis soll im Nachfolgenden nur auf die drei wichtigsten staatlichen EZ-Träger eingegangen werden. Weiterführende Informationen zu weiteren staatlichen und den nichtstaatlichen Trägern lassen sich in Annex 3 und Annex 4 finden.

2.2.2 Die wichtigsten staatlichen Träger deutscher Entwicklungszusammenarbeit

2.2.2.1 Bundesministerium für wirtschaftliche Zusammenarbeit und Entwicklung

Die herausragende Bedeutung in der deutschen EZ kommt dem vom Bundestag kontrollierten Bundesministerium für wirtschaftliche Zusammenarbeit und Entwicklung (BMZ), mit einem Anteil von über 50 % an Deutschlands gesamter ODA 2013 und 2014, zu.[56]

---

[55] Vgl. BMZ **(2015f)**, S.1
[56] Vgl. BMZ **(2016k)**, S. 1

Das Bundesminister Dr. Gerd Müller unterstellte und etwa 800 Inlandsmitarbeiter und Mitarbeiterinnen umfassende Ministerium[57] ist für Deutschlands Entwicklungspolitik- und -Strategie zuständig, während die Umsetzungsverantwortung bei zahlreichen Durchführungs-organisationen, anderen Ressorts und den nichtstaatlichen Trägern liegt.[58]

2.2.2.2 Deutsche Gesellschaft für Internationale Zusammenarbeit

Mit der Durchführung der zuvor definierten Technischen Zusammenarbeit wird in der Regel die Deutsche Gesellschaft für Internationale Zusammenarbeit (GIZ) vom BMZ beauftragt, nachdem Inhalte und Volumen der TZ wie schon im Unterkapitel „Formen der deutschen Entwicklungszusammenarbeit" erläutert, mit den einzelnen Kooperationsländern in Regie-rungsverhandlungen vereinbart und vertraglich festgehalten wurden.[59] Das BMZ als ihr größter Auftraggeber steuerte so 1,4 Milliarden € zum Gesamthaushalt von 1,9 Milliarden € in 2013 bei.[60]

Als Durchführungsorganisation ist die GIZ noch sehr jung, da sie erst 2011 durch Fusionie-rung der ehemals drei Durchführungsorganisationen der TZ, Deutsche Gesellschaft für Technische Zusammenarbeit (GTZ), Deutscher Entwicklungsdienst (DED) und InWEnt (Internationale Weiterbildung und Entwicklung gGmbH entstand. [61;62]

2.2.2.3 Kreditanstalt für Wiederaufbau-Entwicklungsbank

Innerhalb der Kreditanstalt für Wiederaufbau (KfW) Bankengruppe ist die KfW Entwick-lungsbank die verantwortliche Organisation für die deutsche Finanzielle Zusammenarbeit in Entwicklungsländern.[63]

Mit der GIZ und dem BMZ bildet sie das Dreigestirn der wichtigsten Akteure deutscher EZ.[64] Wie Abbildung 2 zeigt, finanzierte das BMZ 2014 nicht wie bei der GIZ die Mehrheit, sondern nur etwa ein Drittel der von der KfW anrechenbaren ODA-Gelder:[65;]

---

[57] Vgl. BMZ **(2012)**
[58] Vgl. DAC **(2010)**, S. 20
[59] Vgl. BMZ **(2013m)**
[60] Vgl. DAC **(2015)**, S. 62
[61] Vgl. DAC **(2015)**, S. 53
[62] Vgl. BMZ **(2013a)**
[63] Vgl. BMZ **(2013d)**
[64] Vgl. DAC **(2015)**, S. 58
[65] Vgl. DAC **(2015)**, S. 49

Abbildung 2: KfW Entwicklungsbank: Finanzierungsquellen und Finanzierungsinstrumente der ODA der KfW

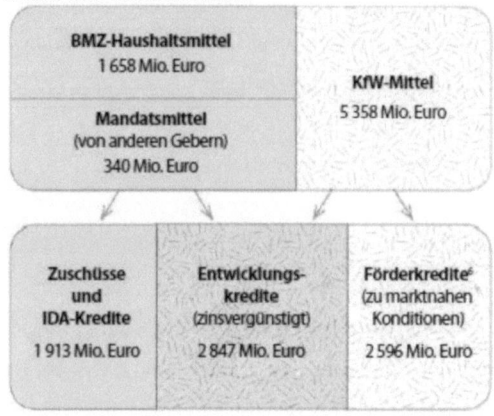

Quelle: DAC (2015), S. 49

Dies ist damit begründet, dass die KfW neben den Mitteln vom Bundeshaushalt Mittel am Kapitalmarkt aufnimmt ("KfW-Marktmittel"). Auf diese Weise kann das ODA-Fördervolumen deutlich erhöht werden (und damit natürlich auch Deutschlands Gesamt-ODA, um sich international als großer ODA-Geber positionieren zu können).

Somit werden je nach Bedarf und finanzieller Stärke des Nehmerlandes entweder Förderkredite zu marktnahen Konditionen ohne Einsatz von Haushaltmitteln für betriebswirtschaftlich rentable Vorhaben in den Partnerländern, zinsvergünstigte Entwicklungskredite durch eine Mischung von Haushalts- und Marktmitteln, oder eben Zuschüsse und Kredite an die für die ärmsten Länder zuständige Internationale Entwicklungsorganisation (International Development Association, IDA) im Sinne der LDCs ausgegeben.[66]

---

[66] Vgl. BMZ **(2014h)**; BMZ **(2013d)**

3. Afrika: Chancen- versus Krisenkontinent

3.1 Einleitung

Ein Kontinent, etwa 100-mal so groß wie Deutschland, mit mehr als 2,000 Sprachen und 3,000 verschiedenen Bevölkerungsgruppen in 54 Ländern[67] und fast 1,2 Milliarden Einwohnern[68] kann in seiner Diversität und Vielfalt kaum erfasst werden, auch wenn Afrika des Öfteren in der deutschen Öffentlichkeit sehr pauschalisierend betrachtet wird.

Dennoch lassen sich einige Chancen und Risiken für diesen Kontinent relativ allgemein zusammenfassen. [69]

3.2 Afrika als Chancenkontinent

Dass Afrika sich als Kontinent entwickelt, und zwar schnell, kann man unter Verwendung des in Annex 1 beschrieben Begriffes „Entwicklung" und der Annahme der 1950er, dass Entwicklung gleich BIP-Wachstum sei, festmachen.

Denn zu den 10 am schnellsten nach BIP wachsenden Ökonomien 2014/15 gehören nach Schätzungen vier afrikanische Länder,[70] kurz zuvor waren es sogar sechs.[71]

In Sub-Sahara-Afrika (SSA)[72] konnte 2014 ein BIP-Wachstum von sehr stabilen 5 % ausgemacht werden,[73] in 2015 immerhin noch 4,5 %.[74]

Afrika wird immer attraktiver für ausländische Investitionen.[75] Die internationalen Finanzströme haben sich im vergangenen Jahrzehnt mehr als versechsfacht.[76]

Das liegt unter anderem auch daran, dass sich etwa in SSA die makroökonomische Situation aufgrund besserer Politiken in den Ländern überwiegend in eine positive Richtung entwickelt

---

[67] Vgl. BMZ **(2015x)**
[68] Vgl. Statista **(2015)**
[69] Anm.: Die unbestreitbar schwerwiegenden Auswirkungen des Klimawandels auf Afrika bleiben hier aus Platzgründen unbeachtet.
[70] Vgl. OKOTH, E. **(2015)**
[71] Vgl. BMZ **(2014e)**, S. 4
[72] Anm.: Afrika südlich der Sahara, auch Sub-Sahara-Afrika (SSA) umfasst 49 der 54 Staaten Afrikas und etwa 800 Millionen Individuen. Sie ist die ärmste Region der Welt. Aus diesem Grund, und weil die fünf Länder Nordafrikas (NA) kulturell eher der MENA-Region ((Middle East and North Africa) zugeordnet und bei regionalen Studien oft zusammen mit etwa Syrien, Jordanien oder dem Jemen betrachtet werden, stehen die Länder SSAs im Fokus dieser Thesis. Vgl. BMZ **(2016l)**; BMZ **(2016a)**, S. 1
[73] Vgl. International Monetary Fund **(2015)**, S. 2
[74] Vgl. International Monetary Fund **(2015)**, S. ix
[75] Vgl. Afrika-Verein der Deutschen Wirtschaft **(2015)**, S. 6
[76] Vgl. Klingebiel, S. **(2012)**, S. 1

hat.[77] Das Ende des Kalten Krieges und der weltweite politische und gesellschaftliche Struktur-wandel seit Beginn der 1990er Jahre ließen auch SSA nicht unberührt. In fast allen Staaten SSAs wurden seitdem demokratische Reformen eingeleitet und Präsidentschafts- oder Parlamentswah-len unter Beteiligung mehrerer Parteien abgehalten,[78] die Anzahl autoritär regierter Staaten hat insgesamt abgenommen und in vielen Ländern ist der Regierungswechsel durch die Wahlurne heute der relativ übliche Standard.[79;80]

3.3 Afrika als Krisenkontinent

3.3.1 Armut und Hunger

Armut und Hunger sind nach wie vor ein unbegreiflich großes Problem. Afrika südlich der Sahara ist die einzige Region der Welt, in der die Zahl der in extremer Armut[81] lebenden Menschen kontinuierlich gestiegen ist, von 290 Millionen im Jahr 1990 auf 414 Millionen im Jahr 2010. Damit leben dort mehr als ein Drittel der ärmsten Menschen der Welt.[82]

Zwar ist die wirtschaftliche Leistung gestiegen, dennoch leben heute mehr als zwei Drittel der Menschen in Subsahara-Afrika von weniger als zwei US-Dollar pro Tag.[83] Insgesamt hat die soziale Ungleichheit in den letzten Jahren sogar zugenommen.[84] Somit ist es nicht verwunderlich, auch wenn extreme Armut nicht der einzige Grund für die schlechte Ernährungslage ist,[85] dass allein in SSA 214 Millionen Menschen an Hunger leiden.[86]

3.3.2 Rasantes Bevölkerungswachstum

Auch bei dem Bevölkerungswachstum zeigt sich die geringe Aussagekraft bezüglich des BIPs, denn ein Großteil der wirtschaftlichen Fortschritte wird von einem rasanten Bevölkerungs-wachstum von 2,5 % jährlich aufgezehrt.[87] Die jetzigen Ernährungsprobleme könnten sich also

---

[77] Vgl. Klingebiel, S. (2013), S. 39 f.
[78] Vgl. BMZ (2014a)
[79] Vgl. van den Boom, D. (2011), S. 82
[80] Vgl. Moyo, D. (2010), S. 3 f.
[81] Anm.: Menschen, die als absolut oder extrem in Armut lebend definiert werden, hatten nach der Weltbank weniger als ein Einkommen von 1,25 US$ am Tag zur Verfügung. Ende 2015 wurde die Trennlinie auf 1,90 $ gesetzt. Da die diesbezüglich verwendete Literatur allerdings vor Ende 2015 verfasst wurde, zählen in dieser Thesis weiterhin nur Menschen mit weniger als 1,25$ am Tag als extrem arm. Vgl. World Bank (2015)
[82] Vgl. Auswärtiges Amt (2014)
[83] Vgl. BMZ (2014a)
[84] Vgl. Auswärtiges Amt (2011), S. 30
[85] Ein großer Teil der in SSA erwirtschaften Lebensmittel verdirbt auf dem Weg vom Acker zum Verbraucher durch Mängel bei der Ernte, Lagerung, Verarbeitung und Transport. Problematisch sind zudem ein unfairer Lebensmittelwettbewerb, schwankende Weltmarktpreise, Umweltprobleme und Klimawandel. Vgl. BMZ (2015t), S. 35
[86] Vgl. BMZ (2015t), S. 34
[87] Vgl. Frankfurter Allgemeine Zeitung (30.01.2016)

noch einmal deutlich verschärfen. SSAs Einwohnerzahl wird sich voraussichtlich von 800 Millionen heutzutage auf 2 Milliarden 2050 und 3,7 Milliarden 2100 erhöhen.

Afrika ist jetzt schon der jüngste Kontinent der Welt mit einem Altersdurchschnitt von 18 Jahren.[88] Der große Bevölkerungszuwachs bedeutet, dass voraussichtlich 450 Millionen Menschen bis 2035 neu auf den Arbeitsmarkt strömen werden, mehr als in dem Rest der Welt zusammen.[89;90]

Um diesen Zustrom bewältigen zu können, müssten jährlich 18 Millionen Arbeitsplätze geschaffen werden.[91] Die Infrastruktur, das Bildungssystem, etc. sind aktuell nicht darauf ausgelegt, diese Last zu tragen.

3.3.3 Größe des informellen Sektors

Nicht nur in der Zukunft wird Afrika Probleme haben, seine Bevölkerung in den Arbeitsmarkt zu integrieren. Schon jetzt arbeiten 90% von den 400 Millionen der im Sektor mit geringem Einkommen beschäftigten Arbeitskräfte in SSA in der sog. Schattenwirtschaft, also dem informellen Sektor,[92;93] mit den negativen Folgen der Unsicherheit für die Beschäftigten durch fehlende formal-rechtliche Absicherung, geringer Akkumulation von Humankapital und Technologie etc. Wenig überraschend machen Steuern in Afrika oft weniger als 10 % des BIPs aus, während der Anteil in Industriestaaten zwischen 30% und 45 % liegt.[94;95]

3.3.4 Schwache Infrastruktur

Die Infrastruktur[96] muss in vielen Teilen Afrikas als mangelhaft bezeichnet werden. In vielen Ländern SSAs haben immer noch 40 Prozent der Menschen keinen direkten Zugang zu sauberem Trinkwasser, nur 31 Prozent der Menschen konnten im Jahr 2010 angemessene sanitäre Anlagen nutzen.[97] Etwa 590 Millionen Menschen in SSA leben ohne Stromanschluss (600 Millionen in Afrika insgesamt[98]), 80 Prozent kochen über offenem Feuer.[99] Das Straßennetz und auch die

---

[88] Vgl. Haefliger, M. **(2016)**
[89] Vgl. International Monetary Fund **(2015)**, S. x ff.
[90] Vgl. International Monetary Fund **(2015)**, S. 35
[91] Vgl. International Monetary Fund **(2015)**, S. x
[92] Vgl. International Monetary Fund **(2015)**, S. 26
[93] Vgl. Seitz, V. **(2011)**, S. 137
[94] Vgl. Haefliger, M. **(2016)**
[95] Anm.: Weitere Gründe dafür können privilegierte Eliten und Korruption sein. Vgl. Klingebiel, S. **(2013)**, S. 66; Wolff, J. H. **(2011)**, S. 43
[96] Anm.: Auf die aus den Schwächen der sozialen Infrastruktur im Bereich Bildung und Gesundheit entstehenden Problematiken wird erst im Unterkapitel „Millenium Development Goals" im übernächsten Kapitel der Indikatorbewertung eingegangen, um Duplizität zu vermeiden.
[97] Vgl. BMZ **(2015y)**
[98] Vgl. Frankfurter Allgemeine Zeitung **(30.01.2016)**
[99] Vgl. BMZ **(2015i)**

Häfen gelten allgemein als sehr überholungsbedürftig.[100] Nach Schätzungen des Internationalen Währungsfonds (IWF)[101] und des World Economic Forums (WEF)[102] in 2015 könnte sich SSAs Handelsvolumen um 42% steigern, wenn die Infrastruktur dem Durchschnitt der Rest der Welt entspräche.[103]

3.3.5 Schwacher intraregionaler Handel

Der geringe intraregionale Handel, d.h. der Handel der afrikanischen Länder untereinander, ist vor allem auf die hohen Transportkosten zurückzuführen, die aufgrund der schwachen Infrastruktur entstehen. Problematisch sind zudem die oft sehr hohen Zölle an den Grenzen der Länder, was dazu führt, dass der Transport von Waren ins Innere des Kontinents oftmals mehr kostet als der Seeweg von bzw. nach Europa oder Asien.[104] Dementsprechend macht der intra-afrikanische Handel lediglich 16,3% des Gesamthandels aus.[105] Intraregionaler Handel in SSA ist im Durchschnitt um 50 % geringer als im Rest der Welt[106] und trägt nur zu 3,5% des BIP bei.[107] Infolgedessen fehlen regionale Märkte, die ein Gegengewicht zur Abhängigkeit von ausländischen Rohstoffmärkten (nächster Abschnitt) bilden könnten.[108]

3.3.6 Geringe Exportdiversifizierung und geringer Anteil am Weltmarkt

Nicht nur der intra-afrikanische Handel ist ausbaufähig. 1960, zum Zeitpunkt der Erlangung der Unabhängigkeit der meisten afrikanischen Staaten, betrug der Anteil Afrikas ohne Südafrika am Welthandel 9 Prozent, 2013 lag der gesamte Anteil am Welthandel nur bei 3,3 Prozent.[109;110] Vom natürlichen Reichtum Afrikas (Afrika besitzt z.B. mehr als 50 % des Goldes, 90 % Kobalt, 50 % Phosphate, 40 % Platin der weltweiten Vorkommen[111]) profitiert die Bevölkerung kaum, da die meisten afrikanischen Länder von Rohstoffexporten abhängig sind. Diese werden zudem

---

[100] Vgl. World Economic Forum (2015), S. xvi
[101] Anm.: Der Internationale Währungsfonds (IWF) ist eine internationale Organisation zur Schaffung geordneter Währungsbeziehungen zwischen den Mitgliedsländern. Seine wichtigste Aufgabe ist die Förderung des Welthandels auf der Grundlage zwischenstaatlicher Kooperation. Wird eine Quelle des IWF aus dem Englischen zitiert, wird der englische Name International Monetary Fund (IMF) verwendet. Vgl. Klein, M. (o.J.a); Bundeszentrale für Politische Bildung (o.J.)
[102] Anm.: Das Weltwirtschaftsforum (World Economic Forum, WEF) ist eine Stiftung, die in erster Linie für das von ihr veranstaltete Jahrestreffen bekannt ist, bei dem u.a. führende Wirtschaftsexperten und Politiker zusammenkommen, um über aktuelle globale Fragen, etwa im Bereich der Wirtschafts- und Umweltpolitik, zu diskutieren. Vgl. Investopedia (o.J.b)
[103] Vgl. International Monetary Fund (2015), S. 35
[104] Vgl. Seitz, V. (2011), S. 155 f.
[105] Vgl. United Nataions Economic Commission for Africa (2015), S. 51 f.
[106] Vgl. International Monetary Fund (2015), S. 54
[107] Vgl. International Monetary Fund (2015), S. 48
[108] Vgl. Haefliger, M. (2016)
[109] Vgl. Seitz, V. (2011), S. 111
[110] Vgl. United Nataions Economic Commission for Africa (2015), S. 51
[111] Vgl. Seitz, V. (2011), S. 39

meistens außerhalb Afrikas weiterverarbeitet. So wird Afrikas Erdöl nur zu geringem Teil im Kontinent raffiniert.[112] Subsahara-Afrika exportiert hauptsächlich agrarische Produkte (über 50 % der Arbeitskräfte SSAs sind nach wie vor in der Landwirtschaft tätig[113]) und mineralische Rohstoffe und trägt damit nur etwa um zwei Prozent zur globalen Wirtschaftsleistung bei.[114] Daraus wird ersichtlich, dass die afrikanischen Ökonomien durchschnittlich volatil bleiben, da eine wirtschaftliche Diversifizierung oftmals unzureichend stattgefunden hat und eine hohe Abhängigkeit von Primärgütern herrscht.[115;116]

3.3.7 Korruption und schlechte Regierungsführung

Trotz einiger positiver Entwicklungen gefährden oft willkürliche Rechts- und Justizsysteme, schlecht funktionierende Verwaltungen, Vetternwirtschaft und Korruption[117] in weiten Teilen Afrikas die Stabilität und Sicherheit.[118]

Laut dem „Africa Competitiveness Report" des WEF 2012 ist in SSA wie in NA Korruption das größte Problem für Afrikas Wettbewerbsfähigkeit nach einem unzureichenden Zugang zu Finanzierungsquellen,[119] da diese ausländische Investoren abschreckt,[120] Entwicklung hemmt und Ungleichheiten erhöht.[121]

3.3.8 Zivile Unruhen und Konflikte

In SSA leidet trotz des demokratischen Wandels immer noch jeder vierte Bewohner unter Staatskrisen oder bewaffneten Konflikten.[122] Unabhängig davon, ob Kritiker die Hauptschuld bei den ehemaligen Kolonialmächten durch die Partition der Länder Afrikas auf der Berliner Konferenz 1885 sehen,[123] die verschiedenste Stämme mit eigenen Bräuchen und Sprachen in unnatürliche Nationen zwängte,[124] oder ob der Kolonialismus nicht als Ursache gezählt wird,[125] die Konflikte verhindern ohne Zweifel oftmals wirtschaftlichen und politischen Fortschritt.[126]

---

[112] Vgl. Auswärtiges Amt **(2011)**, S. 41 f
[113] Vgl. World Economic Forum **(2015)**, S. 6
[114] Vgl. BMZ **(2015s)**
[115] Vgl. Klingebiel, S. **(2013)**, S. 39
[116] Vgl. United Nataions Economic Commission for Africa **(2015)**, S. xiii
[117] Anm.: „Korruption ist der Missbrauch anvertrauter Macht zum privaten Nutzen oder Vorteil." Weiß, O. **(o.J.)**
[118] Vgl. Auswärtiges Amt **(2011)**, S. 24
[119] Vgl. World Economic Forum **(2011)**, S. 12
[120] Vgl. Seitz, V. **(2011)**, S. 30
[121] Vgl. Veltin, M. **(2014)**
[122] Vgl. Auswärtiges Amt **(2014)**
[123] Vgl. Moyo, D. **(2010)**, S. 31 f.
[124] Vgl. Seitz, V. **(2011)**, S. 29
[125] Vgl. Nuscheler, F. **(2004)**, S. 213
[126] Vgl. Auswärtiges Amt **(2011)**, S. 17

3.3.9 Kapitalflucht

Ein aufgrund seines Volumens nicht zu unterschätzendes Problem ist die Kapitalflucht aus afrikanischen Ländern.[127] Zwischen 1970 und 2010 verloren alleine 33 Länder SSAs schätzungsweise 814 Milliarden US $, was die ODA-Ströme (659 Mrd. $) und die Direktinvestitionen/FDI[128] (306 Mrd. $) in diesem Zeitraum deutlich übersteigt.[129] Die von Tony Blair initiierte "Commission for Africa" hat ausgerechnet, dass sich 40 Prozent der afrikanischen privaten Vermögen außerhalb Afrikas befinden.[130]

Kritiker schlussfolgern sogar, dass bei Rücktransfer der privaten Guthaben in die afrikanischen Länder die Armut mit einem Schlag besiegt werden könne.[131]

3.4 Fazit

Trotz positiver wirtschaftlicher und sozialer Entwicklungen bleiben viele Probleme Afrikas offensichtlich weiter bestehen. Im Einklang mit der Vielzahl der Schwierigkeiten in vielen Ländern Afrikas zählt der aktuelle (2015) Index der menschlichen Entwicklung, der Human Development Index (HDI)[132] des Entwicklungsprogrammes der Vereinten Nationen, neunzehn der zwanzig unterentwickeltsten Länder der Welt zu Staaten SSAs.[133]

Bevor die deutsche EZ mit Afrika im zentralen Teil der Thesis im übernächsten Kapitel eingehender anhand von quantitativen und qualitativen Indikatoren analysiert werden soll, wird zuerst examiniert, ob die für die EZ mit Afrika relevanten staatlichen Afrikakonzepte formal auf die genannten Probleme Afrikas ausgerichtet sind.

---

[127] Anm.: Durch etwa die Steuerflucht multinationaler Unternehmen, illegale Finanztransaktionen oder korrupte Machenschaften der Regierungen. Vgl. Luther, S. e. a. **(2015)**, S. 18

[128] Anm.: Foreign Direct Investment (FDI), oder auch Direktinvestitionen sind Investitionen in ein ausländisches Unternehmen, die primär aus der Motivation getätigt werden, um Einfluss auf und Kontrolle über die Geschäftstätigkeit des Unternehmens zu erhalten. Damit die Investition als FDI gezählt wird, muss der Anleger mindestens 10% der Unternehmensanteile innehaben. Vgl. Lenel, A. **(2013)**, S. 8

[129] Vgl. Boyce, J. K./Ndikumana, L. **(2012)**, S. 1

[130] Vgl. Seitz, V. **(2011)**, S. 136

[131] Vgl. Seitz, V. **(2011)**, S. 111

[132] Anm.: Der "Human Development Index (HDI)" ist eine Messzahl für den Entwicklungsstand eines Landes. Er setzt sich aus drei Indikatoren zusammen: Lebenserwartung (bei der Geburt), Ausbildung (Alphabetisierung der erwachsenen Bevölkerung, Einschulungsrate in Grund-, Sekundär- und Hochschulen) und BIP (pro Kopf). Der "Human Development Report" wird von dem Entwicklungsprogramm der Vereinten Nationen, dem United Nations Development Programme (UNDP) jährlich veröffentlicht. Vgl. Ribbeck, E. **(2008)**

[133] Vgl. UNDP **(2015)**, S. 244 f.

4. Das Afrika-Konzept Deutschlands

4.1 Einleitung

Nicht nur für das BMZ, sondern auch für die Bundesregierung ist Afrika der Schwerpunktkontinent in Bezug auf Entwicklungszusammenarbeit.[134;135] Aktuell unterhält Deutschland mit allen Staaten Afrikas diplomatische Beziehungen[136] und das BMZ ist in 32 der 54 Länder Afrikas mit über 2,000 Mitarbeiter/innen seiner Durchführungsorganisationen aktiv.[137;138]

Um durch die Afrikakonzepte Erkenntnisse für die EZ sehr relevante Ausrichtung der staatlichen Institutionen Deutschlands zu gewinnen, wurden alle in diesem Bereich relevanten Dokumente der letzten Jahre herangezogen: Das Afrika-Konzept (2011) sowie die afrikapolitischen Leitlinien (2014) der Bundesregierung (BR) und die sich daraus ergebenden Handlungskonsequenzen für das BMZ, zusammengefasst in „Die neue Afrikapolitik des BMZ – Afrika vom Krisen- zum Chancenkontinent" 2014 und „Neue Akzente für unsere Afrikapolitik – Zwischenbilanz nach einem Jahr" 2015.

4.2 Die Afrika-Konzepte der Bundesregierung

Während die allesamt die deutsche EZ eindeutig tangierenden sechs Schlüsselbereiche[139] des Afrikakonzepts der Bundesregierung 2011 zwar zumindest einen Teil der im vorherigen Kapitel angesprochenen Probleme Afrikas anzusprechen scheinen, steht ganz offensichtlich z.B. das wirtschaftliche oder sicherheitspolitische Eigeninteresse Deutschlands im Vordergrund.[140]

---

[134] Vgl. BMZ **(2014e)**, S. 12
[135] Vgl. Auswärtiges Amt **(2011)**, S. 47 f.
[136] Vgl. Auswärtiges Amt **(2011)**, S. 7
[137] Vgl. BMZ **(2014e)**, S. 1
[138] Anm.: Ägypten, Äthiopien, Benin, Burkina Faso, Burundi, Ghana, Kamerun, Kenia, Demokratische Republik Kongo, Malawi, Mali, Marokko, Mauretanien, Mosambik, Namibia, Niger, Ruanda, Sambia, Südafrika, Süd-Sudan, Tansania, Togo, Uganda als Kooperationsländer mit bilateralem Länderprogramm und Algerien, Côte d'Ivoire, Sierra Leone, Liberia, Guinea, Madagaskar, Nigeria, Senegal, Tunesien als Kooperationsländer mit fokussierter regionaler oder thematischer Zusammenarbeit. Die zwischenstaatliche bilaterale Zusammenarbeit konzentriert sich in den Kooperationsländern mit bilateralen Länderprogrammen auf drei Schwerpunktbereiche (z.D. „Wasser" oder „gute Regierungsführung"), in den Kooperationsländern mit fokussierter regionaler oder thematischer Zusammenarbeit auf einen Schwerpunkt. Deutschland unterstützt außerdem weitere Länder. Diese Unterstützung erfolgt dann z.B. über die Beiträge Deutschlands zur Entwicklungspolitik der Europäischen Union oder über die nichtstaatlichen Träger. Vgl. BMZ **(2016i)**
[139] Anm.: 1. „Frieden und Sicherheit", 2. „Gute Regierungsführung, Rechtsstaatlichkeit, Demokratie und Menschenrechte", 3. „Wirtschaft", 4. „Klima und Umwelt", 5. „Energie und Rohstoffe", 6. „Nachhaltige Entwicklung, Bildung und Forschung". Vgl. Auswärtiges Amt **(2011)**, S. 5
[140] Vgl. Auswärtiges Amt **(2011)**, S. 15

Dennoch scheint ein angemessenes Verständnis von den Problemen Afrikas vorhanden zu sein und auch angemessene Lösungsansätze vorzuliegen.

So sollen Frieden und Sicherheit als „oberstes Interesse" und mit dem Schwerpunkt der Konfliktprävention durch die Stärkung afrikanischer Eigenverantwortung und Unterstützung der Regionalorganisationen Afrikas und der Afrikanischen Union (AU)[141] in Bezug auf ihre Sicherheits- und Friedensarchitektur gestärkt werden,[142;143] gute Regierungsführung[144] als Schwerpunkt deutscher EZ,[145] Rechtsstaatlichkeit sowie die Stabilität staatlicher Strukturen verbessert,[146] oder als Schwerpunkt deutscher Politik insgesamt Rahmenbedingungen für wirtschaftliches Handeln kultiviert werden, etwa bezüglich der Verbesserung des Investitionsklimas und der Rechtssicherheit und dem Zugang zu Krediten, aber auch durch die Förderung regionaler wirtschaftlicher Integration.[147] Klima und Umwelt sollen durch den Erhalt und die Wiederherstellung von Lebensräumen oder den Schutz der Tropenwälder, nachhaltige Landwirtschaft und verbessertes Wasserressourcenmanagement gesichert,[148] die Energieinfrastruktur ausgebaut, die Rohstoffwirtschaft nachhaltig gestärkt[149] und in die Bildungs-Forschungs- und Gesundheitssysteme investiert werden.[150]

Betont werden zudem die Wahrung und Verwirklichung der Menschenrechte,[151] die Rolle einer aktiven Zivilgesellschaft als Partner[152] und der Willen, sich auf multilateraler Ebene, nicht nur mit afrikanischen Staatenzusammenschlüssen, sondern etwa auch innerhalb der G7

---

[141] Anm.: Die Afrikanische Union (AU) ist seit ihrer Gründung 2002 als Nachfolgeorganisation der Organisation für Afrikanische Einheit (OAU) der wichtigste Zusammenschluss afrikanischer Staaten. Ihr gehören außer Marokko alle international anerkannten Staaten Afrikas an. Hauptziel ist die politische und wirtschaftliche Integration im Sinne einer solidarischen Zusammenarbeit der afrikanischen Länder. Vgl. BMZ (2015b); Klein, M. (o.J.c)
[142] Vgl. Auswärtiges Amt (2011), S. 19
[143] Vgl. Auswärtiges Amt (2011), S. 12
[144] Anm.: Gute Regierungsführung („Good Governance") beinhaltet beispielsweise die Rechenschaftspflicht der Regierungen, ein verantwortliches Handeln der öffentlichen Verwaltung sowie Gewaltenteilung. Wichtige Bereiche sind darüber hinaus die Unterstützung von Dezentralisierung zur Stärkung lokaler Eigenverantwortung sowie eine gute finanzielle Regierungsführung im Hinblick auf etwa Haushaltsreformen, Stärkung staatlicher Einnahmen und verbesserter externer Finanzkontrolle. Vgl. Auswärtiges Amt (2011), S. 25
[145] Vgl. Auswärtiges Amt (2011), S. 24 f.
[146] Vgl. Auswärtiges Amt (2011), S. 24 f.
[147] Vgl. Auswärtiges Amt (2011), S. 33 f.
[148] Vgl. Auswärtiges Amt (2011), S. 38 f.
[149] Vgl. Auswärtiges Amt (2011), S. 43
[150] Vgl. Auswärtiges Amt (2011), S. 54 f.
[151] Anm.: Menschenrechte sind die Rechte, die jedem Menschen unabhängig von Herkunft, Sprache, Geschlecht, Verfassung etc. allein aufgrund seines Menschseins zustehen. Zu ihnen gehören etwa das Recht auf Leben, Bewegungsfreiheit oder das Recht darauf, nicht versklavt oder gefoltert zu werden. Vgl. Rechtslexikon Lexexakt (o.J.); Youth for Human Rights (o.J.)
[152] Vgl. Auswärtiges Amt (2011), S. 11 f.

(damals noch G8)[153], den VN und der EU für Afrika zu engagieren.[154] Zudem wird wiederholend die Bekämpfung von Hunger und Armut als Querschnittsthema fokussiert.[155]

Jedoch wird, wie bereits erwähnt, das deutsche Interesse hinter den gewählten Schlüsselbereichen ersichtlich, auch wenn jegliche auf Eigeninteresse abzielende Handlungen als „win-win-Situation" dargestellt werden.[156]

Besonders in den Vordergrund tritt das Eigeninteresse im Bereich der wirtschaftlichen Zusammenarbeit.[157] Eines, das die EZ nicht unberührt lässt, wie später ersichtlich wird.

„Die Afrikapolitischen Leitlinien" der Bundesregierung von 2014 unterscheiden sich in ihrer Schwerpunktsetzung prinzipiell nicht von dem drei Jahre zuvor herausgegebenen Konzept. Die ehemals sechs Schlüsselbereiche werden nun in genauer ausformulierte und zahlreichere Schwerpunkte unterteilt,[158] das Eigeninteresse Deutschlands steht zumindest formal nicht mehr im Vordergrund.

---

[153] Anm.: Die Gruppe der 7 (G7) ist ein informeller Zusammenschluss der zu ihrem Gründungszeitpunkt bedeutendsten Industrienationen der westlichen Welt in Form regelmäßiger Gipfeltreffen der Staats- und Regierungschefs, um etwa ökonomische und monetäre Anliegen zu besprechen. Die Länder der G7 stellen 10,5 Prozent der Weltbevölkerung und erwirtschaften etwa 44 % des BIPs weltweit. Sie sind für knapp 70 Prozent der weltweiten ODA verantwortlich. Zur vormals "Gruppe der 8 (G8)" gehörten bisher Deutschland, Frankreich, Großbritannien, Italien, Japan, Kanada, Russland und die USA, jedoch verlor Russland aufgrund der Verletzung der territorialen Unversehrtheit und Souveränität der Ukraine bis auf weiteres seinen Platz im Zusammenschluss. Vgl. BMZ (2016h); Investopedia (o.J.a)

[154] Vgl. Auswärtiges Amt (2011), S. 19

[155] Vgl. Auswärtiges Amt (2011), S. 11 ff.

[156] Anm.: Verbesserte Rechtsstaatlichkeit komme Afrika zugute, schütze aber auch deutsche Investitionen, Frieden und Sicherheit verhindere Flüchtlingsströme, von Schwerpunktsetzungen im Bereich der erneuerbaren Energien und Energieeffizienz könne insbesondere der exportierende deutsche Mittelstand profitieren, in Konkurrenz mit etwa Teilen der BRICS-Staaten könnten Rohstoffkooperationen (die natürlich staatliche Einnahmen der afrikanischen Länder stärken und sie bei Modernisierung der Infrastruktur und Wirtschaft unterstützen würden) die auf Rohstoffe angewiesene deutsche Wirtschaft befriedigen und Deutschlands Energiebedarf decken. Vgl. Auswärtiges Amt (2011), S. 11 ff.

[157] Anm.: Als Handelsnation habe Deutschland besonderes Interesse an einer diversifizierten afrikanischen Wirtschaft und zunehmender Integration der afrikanischen Märkte, die dort für Wohlstand sorgen würden. Ein besonderes Ziel sei die Verzahnung von Außenwirtschaftsförderung und Entwicklungszusammenarbeit, denn bilateraler Handel und Investitionsmöglichkeiten für deutsche Unternehmen würden EZ langfristig überflüssig machen (und die Absatzchancen besagter Unternehmen erhöhen). Um privates Kapital für die EZ zu gewinnen, sollten vor allem die Instrumente der Exportkreditgarantien und Investitionsschutzabkommen eingesetzt werden. Vgl. Auswärtiges Amt (2011), S. 13 ff.

[158] Anm.: 1. „Regionale Integration weiter stärken", 2. „Frieden und Sicherheit fördern, Afrikanische Friedens- und Sicherheitsarchitektur (African Peace and Security Architecture, APSA) unterstützen", 3. „Fragilität abbauen, Konflikte und Gewalt reduzieren, Menschenrechtsverletzungen verhindern", 4. „Armut und Hunger bekämpfen, Ernährung sichern, Landwirtschaft und ländliche Entwicklung sowie nachhaltige Urbanisierung fördern", 5. „Rechtsstaatliche Strukturen und gute Regierungsführung fördern, Korruption bekämpfen", 6. „Rechte und sozialen Schutz der Menschen verwirklichen, nachhaltige Beschäftigungspolitik fördern", 7. „Fluchtursachen reduzieren und Flüchtlinge besser schützen, Migrationspolitik präventiv und entwicklungsorientiert gestalten und Missbrauch verhindern", 8. „Die Länder Nordafrikas, flankierend zu den Transformationspartnerschaften für die arabischen Umbruchländer, gezielt unterstützen, 9. „Rohstoffe als Instrument für Stabilität und wirtschaftliche Entwicklung verantwortlich nutzen, natürliche Lebensgrundlagen erhalten", 10. „Wirtschaftliches Wachstum, Handel und Investitionen unterstützen", 11. „Potenzial der afrikanischen Märkte für die deutsche Wirtschaft erschließen", 12. „Bildung auf allen Ebenen ermöglichen, Zusammenarbeit bei Wissenschaft und Forschung intensivieren", 13. „Global Governance stärken, natürliche Ressourcen und Umwelt schützen, biologische Vielfalt erhalten", 14. „Gemeinsam den Klimawandel begrenzen und die Anpassung an

Einigen Punkten wird ein größerer Fokus zuteil, wie die Förderung der regionalen Integration,[159] Nachhaltigkeit im Allgemeinen,[160] oder es wird denen sich verändernden politischen Rahmenbedingungen (etwa erhöhte Flüchtlingsbewegungen[161] und gesellschaftliche Umstürze in Nordafrika[162]) Sorge getragen.

Bis auf die Problematik der Kapitalflucht werden durch die angedachten Handlungsfelder alle benannten Probleme Afrikas direkt angesprochen. Da allerdings kaum konkretisierte Ausgaben- oder quantitative EZ-Ziele (in den Leitlinien von 2014 kein einziges) vorliegen, lässt sich nicht objektiv beurteilen, inwiefern diese Probleme fernab von politischen Absichtserklärungen auch in der Realität Berücksichtigung finden.

Umso nötiger scheint ein Blick in die Afrika-Konzepte des BMZ, um konkretere Pläne zu deutscher EZ mit Afrika zu erhalten.

4.3 Die Afrika-Konzepte des BMZ

Für das BMZ ist Afrika offiziell der EZ-Schwerpunktkontinent. Im Konzept von 2014 wird diese Bedeutung dadurch unterstrichen, dass Afrika über 50 % der bilateralen ODA des BMZ erhalten sollte (mehr als 1,2 Milliarden € in 2013), welches sogar um noch mehr als 100 Millionen € jährlich erhöht werde.[163;164] Mehr als ein Viertel der Ausgaben gingen an überregionale Vorhaben, etwa in Zusammenarbeit mit der AU oder den Regionalorganisationen.[165]

Das BMZ richtet seine Länderstrategien und thematischen Initiativen in Sub-Sahara-Afrika[166] nach den oben beschriebenen sechs Kernbereichen der Afrikapolitik der BR von 2011 aus.[167]

Wenig überraschend werden so im Dokument von 2014 als wichtigste thematische Schwerpunkte in Afrika „gute Regierungsführung", „Menschenrechte",[168] „ländliche Entwicklung",

---

den Klimawandel in Afrika erleichtern", 15. „Zusammenarbeit im Bereich der Kultur ausbauen", 16. „Wichtige afrikanische Akteure häufig und sichtbar wahrnehmen", 17. „Stärkere Abstimmung mit strategischen Partnern zu Afrika", 18. „Aktive Mitwirkung bei der Neuausrichtung der G7/G8-Afrika Partnerschaft" Vgl. Veltin, M. **(2014)**, S. 6 ff.

[159] Vgl. Veltin, M. **(2014)**, S. 5
[160] Vgl. Veltin, M. **(2014)**, S. 9
[161] Vgl. Auswärtiges Amt **(2011)**, S. 8
[162] Vgl. Auswärtiges Amt **(2011)**, S. 9 f.
[163] Vgl. BMZ **(2014e)**, S. 1
[164] Anm.: In der Zwischenbilanz nach einem Jahr wird berichtet, dass 2014 sogar ganze 1,5 Milliarden € an bilateralen Zusagen den afrikanischen Staaten zugutekommen gekommen seien. Vgl. BMZ **(2015t)**, S. 7
[165] Vgl. BMZ **(2014e)**, S. 4
[166] Anm.: Ob dies ebenfalls für die drei Länder in Nordafrika, in denen das BMZ aktiv ist, zählt, ist nicht klar ersichtlich, da besagte drei, Ägypten, Marokko und Tunesien wie schon beschrieben, der MENA-Region zugeteilt werden, ist dies eher unwahrscheinlich. Vgl. BMZ **(2016l)**
[167] Vgl. BMZ **(2014a)**

„Wasser",[169] "Nachhaltige Wirtschaftsentwicklung",[170] „Gesundheit", „Energie, Bildung sowie der Aufbau ziviler Strukturen zur Krisenprävention und Krisenbewältigung",[171] genannt, die die möglichen und angedachten Handlungsfelder der sechs Kernbereiche der BR abdecken.[172]

Nicht klar ersichtlich wird, warum diese nur anfangs im Strategiepapier von 2014 eine Erwähnung finden und danach die 5 Themen „Gewalt, Flucht und Vertreibung vorbeugen", „Neue Perspektiven für Afrikas Jugend schaffen", „Verbesserung der Gesundheit", „Afrika kann sich selbst ernähren!" und „Vielfältige Partnerschaften auf einem vielfältigen Kontinent" an deren Stelle gesetzt werden.[173]

Einige erwähnenswerte Arbeitsschwerpunkte, die bei Beibehaltung der ursprünglichen Schlüsselbereiche sicherlich Beachtung gefunden hätten, wie etwa, dass Deutschland der größte bilaterale Geber mit etwa 300 Mio. € in 2013 im Wassersektor für Afrika südlich der Sahara zur Verbesserung der Trinkwasser- und Sanitärversorgung war oder der zweitgrößte bilaterale Geber im Energiesektor mit 18 geförderten Ländern in SSA ist[174;175] und damit einen wichtigen Beitrag zur Bekämpfung der infrastrukturellen Probleme leistet, fallen so komplett aus der Betrachtung.

Dem nach der BR vermeintlichen Schwerpunktthema der EZ, „Gute Regierungsführung" wird in beiden Papieren kein Platz eingeräumt. Dafür lässt sich beim letzten thematischen Schwerpunkt, wenn überhaupt nur sehr indirekt ein Problembezug auf Afrikas Bedürfnisse feststellen.[176]

Das Konzept von 2014 ist als Strategiepapier für die Afrikapolitik des BMZ von 2014-2016 zu sehen mit der allgemeinen Schwerpunktsetzung innerhalb derer größtenteils wenig greifbare Ziele wie „Mehr Hermes für Afrika"[177;178] festgehalten sind. Konkrete quantitative

---

[168] Anm.: Siehe Afrikakonzept der BR von 2011: 2. „Gute Regierungsführung, Rechtsstaatlichkeit, Demokratie und Menschenrechte"

[169] Anm.: Siehe Afrikakonzept der BR von 2011: 4. „Klima und Umwelt", 5. „Energie und Rohstoffe", 6. „Nachhaltige Entwicklung, Bildung und Forschung"

[170] Anm.: Siehe Afrikakonzept der BR von 2011: 3. „Wirtschaft"

[171] Anm.: Siehe Afrikakonzept der BR von 2011: 1. „Frieden und Sicherheit", 5. „Energie und Rohstoffe", 6. „Nachhaltige Entwicklung, Bildung und Forschung"

[172] Vgl. BMZ (2014e), S. 3

[173] Vgl. BMZ (2015t), S. 6

[174] Vgl. BMZ (2015y)

[175] Vgl. BMZ (2015i)

[176] Anm.: Der letzte thematische Schwerpunkt handelt von der Vernetzung von Zivilgesellschaft in Deutschland und Afrika, etwa durch die erwähnten ASA- und weltwärts-Programme, und hat damit höchstens einen sehr indirekten Problembezug noch irgendetwas mit den Schwerpunkten der BR zu tun und kommt lediglich dem Versprechen der BR nahe, dass die Zivilgesellschaft eingebunden werden solle. Vgl. BMZ (2014e), S. 3

[177] Vgl. BMZ (2014e), S. 1 f.

[178] Anm.: Damit sind die von der BR fokussierten Exportkreditgarantien, vor allem unter dem Namen „Hermes-Bürgschaften" bekannt, gemeint. Der deutsche Staat bietet mit diesen Exporteuren die Möglichkeit, sich bei Exporten in Entwicklungsländer gegen das Risiko eines Forderungsausfalls abzusichern. Sie werden nicht zur

Ausgabeziele oder Ziele, wie genau sich die Lebenssituation von welcher Anzahl und Personengruppe verbessern soll, werden vermieden.

Die Zwischenbilanz berichtet demgegenüber zwar teilweise über die erfolgten sektoralen Ausgaben[179] (aber ebenfalls nicht über Ausgaben in Bereichen wie „Wasser" oder „gute Regierungsführung") und positioniert sich in einigen Teilbereichen in Anbetracht der sich ändernden Rahmenbedingungen, etwa durch den Ausbruch der Ebola-Epidemie, neu.[180;181] Somit lassen sich zumindest einige konkret erfolgte ODA-Ströme nachvollziehen. Da in der Strategie zuvor allerdings oft keine Ausgabenziele genannt wurden, lässt sich nicht feststellen, inwiefern das BMZ mit seinen Handlungen auf Zielkurs liegt.[182]

„Afrika kann sich selbst ernähren" räumt überraschenderweise dem eigentlichen Querschnittsthema „Hunger" einen eigenen thematischen Schwerpunkt ein, unter den auch die Sonderinitiative, „Eine Welt ohne Hunger", fällt.[183] Außerhalb von der Sonderinitiative werden Themen wie ländliche Entwicklung, Klima- und Umweltschutz Agrarfinanzierung und die Bekämpfung von Mangelernährung behandelt (ohne erfolgte oder geplante Ausgaben zu nennen).[184;185] Diese und andere Sonderinitiativen zeigen sich zwar problemzentriert und zeugen von einer gewissen Flexibilität des BMZ, ordnen sich aber nicht konsequent in die eigentlichen Schwerpunkte ein und sorgen für Duplizität von Kernbereichen, wie die Sonder-

---

ODA angerechnet, tauchen aber häufig unter der irreführenden Kategorie „Gesamtleistungen an Entwicklungsländer" auf, obwohl sie ein staatlich subventioniertes Instrument der Außenwirtschaftsförderung darstellen und die Interessen der Exportwirtschaft bedienen. Sie werden u.a. deswegen als entwicklungsschädlich kritisiert. Vgl. BMZ **(2013d)**; Nuscheler, F. **(2004)**, S. 441 ff.

[179] Anm.: Die Mittel für neue Bildungsmaßnahmen wurden wie 2014 geplant erhöht, und zwar von 119 Millionen Euro 2012 auf 207 Millionen Euro in Ende 2014, es gebe zudem 1000 neue Stipendien für afrikanische Studenten in 2015. Bis auf die 1000 Stipendien ist allerdings größtenteils offen, wofür die Mittel eingesetzt wurden und wer von ihnen profitiert hat. Vgl. BMZ **(2014e)**, S. 36; BMZ **(2015t)**, S. 18 ff.

[180] Vgl. BMZ **(2015t)**, S. 7

[181] Anm.: Schien 2014 der Themenbereich „Verbesserung der Gesundheit" nur eine sehr kleine Rolle in der Afrika-Strategie zu spielen, beweist das BMZ diesbezüglich Flexibilität, da die Zwischenbilanz 2015 vermeldet, dass durch dem Ausbruch der Ebola-Epidemie 105 Millionen € in 2014 und 2015 zur Unterstützung der von der Krise betroffenen Länder bereitgestellt wurden und zudem eine Sonderinitiative „Gesundheit für Afrika" mit einem finanziellen Rahmen von 205 Millionen € in 2015 und 2016 zur Stärkung der Gesundheitssysteme gegründet wurde. Vgl. BMZ **(2014e)**, S. 36; BMZ **(2015t)**, S. 18 ff.

[182] Anm.: Neben dem allgemeinen Ziel, das finanzielle Engagement in Afrika aufzustocken, wird einzig das Deutschland als bilateralen Geber betreffende jährliche Ziel, 10 Mio. € für die Ausrottung von Polio in Afrika beizusteuern innerhalb des Schwerpunktes „Gesundheit" genannt und in der Zwischenbilanz als erreicht vermeldet. Vgl. BMZ **(2014e)**, S. 1 f.; BMZ **(2015t)**, S. 18 ff.

[183] Anm.: Diese Sonderinitiative sorgte dafür, dass 2014 der Aufbau von 10 „Grünen Innovationszentren" für nachhaltige landwirtschaftliche Wertschöpfung, die gemeinsam mit der deutschen Agrarwirtschaft aufgebaut werden sollen und 10 Berufsbildungszentren für ländliche Entwicklung beschlossen wurden. Von den Berufsbildungszentren ist ein Jahr später keine Rede mehr, sondern von 12 „Grünen Innovationszentren" mit Fokussierung auf die Weiterbildung. Vgl. BMZ **(2014e)**, S. 12.; BMZ **(2015t)**, S. 32 f.

[184] Anm.: Im Bereich der Agrarfinanzierung bekennt sich das BMZ zumindest zu dem Ziel, mit einem Ende 2014 eingerichteten Fonds für Kleinbäuerinnen und Kleinbauern und kleine und mittlere Unternehmen 100.000 Kleinbäuerinnen und Kleinbauern erreichen zu wollen. Vgl. BMZ **(2015t)**, S. 32 f.

[185] Vgl. BMZ **(2015t)**, S. 32 f.

initiative „Fluchtursachen bekämpfen, Flüchtlinge reintegrieren" und der Schwerpunkt „Afrika kann sich selbst ernähren!" bezüglich ländlicher Entwicklung zeigen.[186]

4.4 Fazit

Die Untersuchung der vier in der Einleitung benannten Dokumente lässt folgende Schlussfolgerungen zu: Die Konzepte der Bundesregierung sind *stark vom Eigeninteresse determiniert*, enthalten *keine konkreten Ausgaben- oder EZ-Ziele*, durch die relativ klar formulierten Handelsfelder lassen sie allerdings *ein gutes Problemverständnis bezüglich Afrika* erahnen und *bieten einen guten Rahmen für das BMZ, die EZ-Aktionen und -Ziele innerhalb dieser Handlungsfelder zu konkretisieren.*

Das BMZ wiederum *verfehlt es klar, sich nach den Handlungsfeldern der Bundesregierung in seinen Papieren zu richten*, zudem *vermeidet das BMZ wie die Bundesregierung quantitative EZ- und Ausgaben-Ziele* (z.b. welche Anzahl einer Zielgruppe [z.B. Frauen oder Kinder] inwiefern [Einkommen, Alphabetisierungsrate, Teilhabe an demokratischen Prozessen etc.] wie hoch [prozentual oder absolut] durch welche Höhe an Ausgaben und welche Aktionen profitiert hat oder profitieren sollen).[187]

Des Weiteren lässt das BMZ durch eine nur *unvollständige Aufzählung der sektoralen Ausgaben und thematischen Schwerpunkte* keine objektive Beurteilung, ob Deutschland problemzentrierte EZ mit Afrika leistet oder leisten will, zu.[188]

Noch weniger besteht die Möglichkeit, Aussagen zu treffen, inwieweit das BMZ mit seiner Ausrichtung dem Anspruch der EZ gerecht wird, primär die Interessen der Nehmerländer zu

---

[186] Anm.: Die in der Zwischenbilanz erwähnte Sonderinitiative „Fluchtursachen bekämpfen, Flüchtlinge reintegrieren" besagt, dass von ihrem Gesamtvolumen von 170 Millionen € 93,5 Millionen Afrika zugutegekommen seien, z.B. 84 Millionen € für ländliche Entwicklung (etwa durch den Aufbau von Feldschulen zur Vermittlung von modernen Produktionstechniken) im Süd-Sudan zugunsten zurückgekehrter Flüchtlinge. Vgl. BMZ **(2015t)**, S. 6 ff.

[187] Anm.: Qualitative Sätze wie: „Was haben wir konkret getan: Wir haben unsere Programme für afrikanische Schutzgebiete (…) ausgeweitet." sind in diesem Sinne nicht wirklich aufschlussreich. Vgl. BMZ **(2015t)**, S. 32 f.

[188] Anm.: Sicherlich ließe sich dem BMZ und der BR eine durchaus positive formale Problembezogenheit ausstellen, etwa bei Leistungen zur Prävention und Befriedung von zivilen Unruhen und Konflikten, Leistungen für die soziale und technische Infrastruktur, also auch im Bildungs- und Gesundheitsbereich (damit einhergehend könnte auch der Problematik des rasanten Bevölkerungswachstum begegnet werden), bei der Verbesserung von intra-afrikanischen Handel, bei Umwelt-und Klimaproblematiken und auch bei der Bekämpfung von Armut und Hunger, wahrscheinlich sogar bezüglich guter Regierungsführung und der Bekämpfung von Korruption. Mit dem 2015 erwähnten, vom BMZ eingeführten Studiengang „Tax Master" für afrikanische Studentinnen und Studenten, könnte sogar (zumindest rudimentär) der Kapitalflucht entgegengewirkt und die Steuererhebung der afrikanischen Staaten verbessert werden. Mit den intransparenten, verwirrenden und unvollständig zur Verfügung gestellten Informationen, die kaum über EZ-Ergebnisse von erfolgten (wenn genannten) und geplanten Ausgaben berichten, ist dies allerdings leider nicht einwandfrei möglich. Vgl. BMZ **(2015t)**, S. 32 f.

vertreten, die klar ersichtliche Interessenpolitik des BR und der Fokus auf Hermes-Deckungen innerhalb der Papiere des BMZ lassen aber gewisse Vermutungen zu.

Verständlich ist die Betonung des Eigeninteresses zumindest seitens der Bundesregierung, da ihre EZ-Ausgaben vom Steuerzahler bezahlt werden (Deutschlands ODA-Mittel auf Erwerbstätige Inländer gerechnet ergab 2014 über 290 € pro Kopf),[189;190;191] und die BR somit auch unter einer gewissen Rechenschaftspflicht steht.

Allerdings bleibt somit fraglich, ob das Eigeninteresse Deutschlands nicht gegenüber den übergeordneten Zielen der Armuts- und Hungerbekämpfung und den sonstigen EZ-Interessen der afrikanischen Völker Vorrang erhält und inwieweit die Privatwirtschaft nach erfolgter Einbindung in die EZ wichtige, aber nicht rendite-trächtige Leistungen wie den Aufbau von Schulen, Krankenhäusern oder aber auch fairen Arbeitsbedingungen und umwelt-und klimaschonenden Praktiken eine große Wertigkeit beimisst.

Insgesamt wird die Notwendigkeit deutlich, sich außerhalb von den Strategiepapieren der BR und des BMZ bewegen zu müssen, um eine einigermaßen befriedigende Analyse deutscher EZ mit Afrika vollziehen zu können, was nun zum zentralen Kapitel dieser Thesis führt, der Bewertung deutscher EZ mit Afrika anhand von quantitativen und qualitativen Indikatoren.

---

[189] Anm.: Auch wenn sich schwerlich sagen lässt, dass dies alle Steuerzahler zusammenfasst.
[190] Vgl. BMZ **(2015f)**, S. 1
[191] Vgl. Statistisches Bundesamt **(2016a)**

5. Indikatoren für die Bewertung deutscher Entwicklungszusammenarbeit mit Afrika

5.1 Einleitung

Nachdem in den vorherigen Kapiteln der allgemeine Aufbau und die Instrumente deutscher staatlicher EZ dargestellt wurden, zeigt die Analyse der Probleme Afrikas, dass in einigen Bereiche noch deutliche Anstrengungen erforderlich sind. Ob Deutschland als ODA-Geber trotz des offiziellen kontinentalen Schwerpunktes allerdings einen ausreichenden Beitrag zur Bewältigung dieser leistet, ist bei ausschließlicher Betrachtung der Afrikakonzepte mehr als fraglich. Somit kommen wir zum zentralen Teil dieser Thesis, der Bewertung der deutschen EZ anhand von Indikatoren. Hier soll im ersten Unterkapitel geprüft werden, ob Deutschland, den Konzepten nicht zu entnehmenden, quantitativen ODA-Ausgabezielen und -Verpflichtungen in Bezug auf Afrika als Kontinent nachkommt.

Da eine ausschließlich quantitative Betrachtung von EZ nicht ausreicht, um eine zufriedenstellende Analyse zu generieren, soll in den nachfolgenden zwei Unterkapiteln geprüft werden, wie wirksam die erfolgenden ODA-Zahlungen eingesetzt werden, einerseits im Hinblick auf die später erläuterten „Millennium Development Goals", andererseits unter Betrachtung der internationalen Agenden für eine wirksame EZ. Schlussendlich soll betrachtet werden, ob Deutschland die am wenigsten entwickelten Länder (LDCs) seinen Versprechungen nach ausreichend unterstützt und unter Eindrücken der vorherigen Kapitel geprüft werden, warum Anspruch und Wirklichkeit diesbezüglich auseinanderliegen könnten.

5.2 Finanzvolumen als quantitatives Bewertungskriterium

5.2.1 Einführung

Um das Finanzvolumen deutscher EZ-Leistungen quantitativ analysieren zu können, ergibt eine nähere Betrachtung der ODA-Flows als international anerkannte Messgröße von EZ-Leistungen nach Afrika Sinn, wenngleich wie schon erläutert, einige als ODA-anrechenbare Leistungen den Entwicklungsländern wenn überhaupt indirekt zugutekommen.[192] Aus diesem Grund wird im späteren Verlauf eine weitere Messgröße hinzugezogen.

---

[192] Anm.: Siehe Abschnitt „Official Development Assistance"

Indirekt relevant für die Frage, ob Afrika ein ODA-Finanzvolumen den Bekundungen Deutschlands entsprechend erhält, ist zudem, ob Deutschland generell seinen ODA-Verpflichtungen nachkommt.

Dieser Frage hinsichtlich des Anspruchs und der Wirklichkeit deutscher ODA-Zahlungen generell soll zuerst nachgegangen werden, bevor die Entwicklungszusammenarbeitsfinanzierung in Afrika näher betrachtet wird.

5.2.2 Anspruch und Wirklichkeit deutscher Official Development Assistance-Verpflichtungen

Deutschland ist der drittgrößte Netto-ODA-Geber innerhalb des DAC, wie Abbildung 3 zeigt. Nur die USA und Großbritannien stellen mehr Gelder für ODA zur Verfügung:

Abbildung 3: ODA-Nettoleistungen der DAC-Länder im Jahr 2013 (absolut und in Mrd. US$)

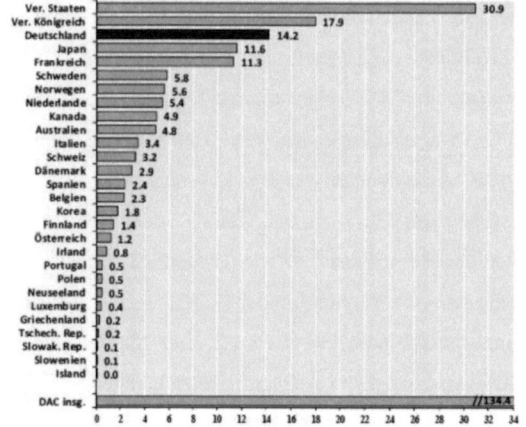

Quelle: DAC 2015, S. 107

Dies ist ein Umstand, auf den gerne hingewiesen wird.[193] Ernüchternder ist jedoch der Blick auf die sogenannte ODA-Quote:[194]

---

[193] Vgl. BMZ **(2016e)**
[194] Anm.: Die ODA-Quote bezeichnet das Verhältnis des ODA-Volumens zu dem BNE. Vgl. BMZ **(2016f)**

Abbildung 4: ODA-Nettoleistungen der DAC-Länder im Jahr 2013 (relativ zum BNE)

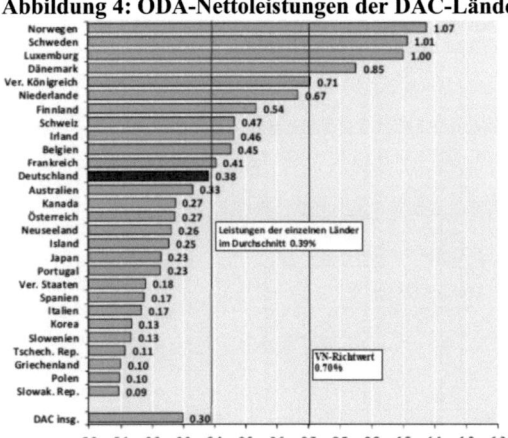

Quelle: DAC 2015, S. 107

Hier wird klar ersichtlich, dass Deutschland knapp unter dem internationalen Durchschnitt der DAC-Geber Länder (0,39%) mit 0,38% ODA-Anteil vom BNE 2013 lag. Dies ist erstaunlich, da bereits 1970 innerhalb der VN das bis heute kontrovers diskutierte (unverbindliche) Ziel vereinbart wurde, dass die Industrieländer 0,7 % ihrer Wirtschaftskraft für EZ bereitstellen sollen.[195;196]

Auch Deutschland bekennt sich zu diesem Ziel. Einhergehend mit der 2005 mit den anderen EU-Mitgliedstaaten des DAC eingegangen Verpflichtung, die öffentliche Entwicklungshilfe bis 2015 auf 0,7 % des BNE zu erhöhen,[197] wird 2011 im Afrikakonzept der Bundesregierung eine Erfüllung des 0,7% Ziels bis 2015 in Aussicht gestellt.[198] Zwei Jahre später wird nach den Wahlen im Koalitionsvertrag das Ziel erneut bekräftigt, dieses Mal aber ohne Zeitrahmen.[199]

Immerhin wurde für den Zeitraum 2014-2019 eine deutliche Aufstockung des deutschen ODA-Budgets angekündigt.[200]

So hob Deutschland sein ODA-Netto-Volumen 2014 auf 16,57 Mrd. US$ an,[201] was einen realen Anstieg von über 12% im Vergleich zum Vorjahr bedeutete. In Anbetracht des deut-

---

[195] Vgl. Klingebiel, S. **(2013)**, S. 8
[196] Vgl. United Nations **(2016)**
[197] Vgl. Europäische Kommission **(2015)**
[198] Vgl. Auswärtiges Amt **(2011)**, S. 47
[199] Vgl. DAC **(2015)**, S. 11
[200] Vgl. DAC **(2015)**, S. 45
[201] Vgl. BMZ **(2016g)**, S. 1

schen Wirtschaftswachstums wurde somit eine Quote von 0,41% ODA/BNE erreicht, ein historischer Höchststand,[202] auch in absoluten Zahlen, wie Abbildung 5 verdeutlicht:

Abbildung 5: Historischer Verlauf deutscher ODA-Nettoauszahlungen 1999 bis 2012 (Zu konstanten Preisen und Wechselkursen von 2007 und in Prozent des BNE)

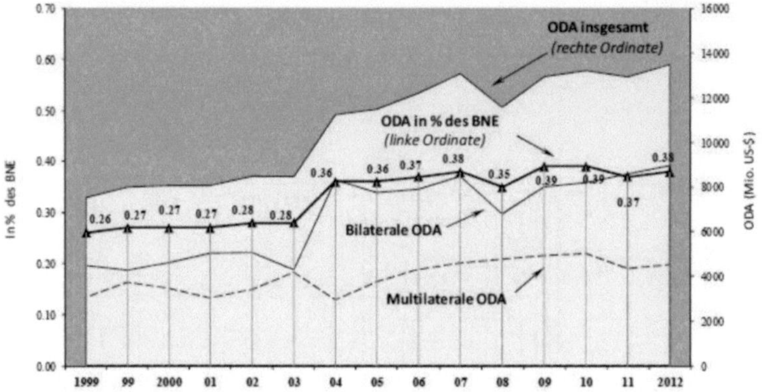

Quelle: DAC 2015, S. 101

Nichtsdestotrotz wird aller Voraussicht nach das 0,7%-Ziel in 2015 ebenfalls deutlich unterschritten werden.

Vor den Bundestagswahlen 2013 hatten sich alle Regierungsparteien zum 0,7-Prozentziel bekannt. Die SPD hatte sogar versprochen, jährlich eine Milliarde € zusätzlich für EZ bereitzustellen. Dies hätte über die Legislaturperiode kumuliert einen Zuwachs von zehn Milliarden an zusätzlichen EZ-Mittel bedeutet. Im Koalitionsvertrag von 2013 blieb von diesem Versprechen jedoch nur noch ein Fünftel übrig.[203] Mit einem Zusatz von 2 Mrd. € Mehrausgaben über vier Jahre wird das Ziel auf jeden Fall nicht zu erreichen sein.

Auch bei der Finanzplanung des BMZ lässt sich eher ein „Verwalten" erkennen. Als mit Abstand größter ODA-Geber[204] Deutschlands ist seine Finanzplanung richtungsweisend. Nach Plänen der BR soll der Etat des BMZ 2015 lediglich um etwa 33 Millionen Euro höher sein als 2014.[205] Er würde damit um lediglich 0,5 Prozent auf 6,510 Milliarden Euro steigen. Der geplante Gesamtzuwachs der BMZ-Mittel zwischen 2014 und 2017 ergibt nach der mittelfristigen Finanzplanung des Bundesfinanzministeriums von 2014 eine Zuwachsrate von

---

[202] Vgl. DAC **(2015)**, S. 45
[203] Vgl. Martens, J. **(2014)**, S. 14
[204] Anm.: Siehe Abschnitt „Bundesministerium für wirtschaftliche Entwicklung und Zusammenarbeit" im Unterkapitel „Das institutionelle System deutscher Entwicklungszusammenarbeit"
[205] Vgl. Bundesministerium für Finanzen **(2016)**

insgesamt 3,7 Prozent. Ginge man von einer moderaten, 1,5-prozentigen Inflationsrate pro Jahr aus, bedeutete dieser Trend ein reales Minus-Wachstum für den BMZ-Haushalt.[206] Somit lässt sich abschließend urteilen, dass Deutschland seine ODA-Zusagen trotz der größeren absoluten und zum BNE relativen Steigerung der ODA-Leistungen im letzten Jahr deutlich verfehlt hat und verfehlen wird. Selbst das 2005 innerhalb der EU-Mitgliedsstaaten des DAC vereinbarte Zwischenziel von 0,56% bis 2010 wird immer noch deutlich unterschritten.[207] Dass ein Erreichen der 0,7%-Vorgabe und darüber hinaus mit dem nötigen politischen Willen jedoch möglich ist, bewiesen immerhin 5 Länder in 2013, wie Abbildung 5 zeigt.

Das permanente Verfehlen dieses Zieles[208] führt dazu, dass Afrika bei gleichbleibendem relativem Anteil an der deutschen ODA im Falle einer Zielerreichung eine deutliche Steigerung der erhaltenen Transferleistungen erfahren würde. Ginge man von der letzten offiziellen ODA-Quote (0,41%) aus, würde eine Steigerung auf 0,7 % ODA/BNE unter Prämisse des vorherigen Satzes eine mehr als 70-prozentige Erhöhung der Afrika zuteilbaren ODA-Leistungen aus deutscher Hand zur Bewältigung der genannten Probleme bedeuten.

5.2.3   Das Finanzvolumen deutscher Entwicklungszusammenarbeit in Afrika

Um zu prüfen, inwieweit Deutschland seinem Anspruch, Afrika als Schwerpunktkontinent deutscher EZ-Bemühungen zu setzen, nachkommt, ist nun nachfolgend ein Blick auf den Anteil Afrikas an Deutschlands aufteilbaren[209] bi-und multilateralen Netto-ODA-Leistung naheliegend.

---

[206] Vgl. Martens, J. (2014), S. 16
[207] Vgl. Europäische Kommission (2015)
[208] Anm.: Siehe Annex 5: Entwicklung der deutschen ODA-Quote 1973-2014
[209] Anm.: Große Teile der ODA-Leistungen sind oft nicht den einzelnen Kontinenten zuteilbar. 2014 waren 15% der bi- und multilateralen Netto-ODA keinen Ländern oder Kontinenten zuzuordnen. Vgl. BMZ (2016b), S. 1

Abbildung 6: Anteil der aufteilbaren bi- und multilateralen Netto-ODA nach Regionen 2011-2014 (relativ und absolut in Mio. €)

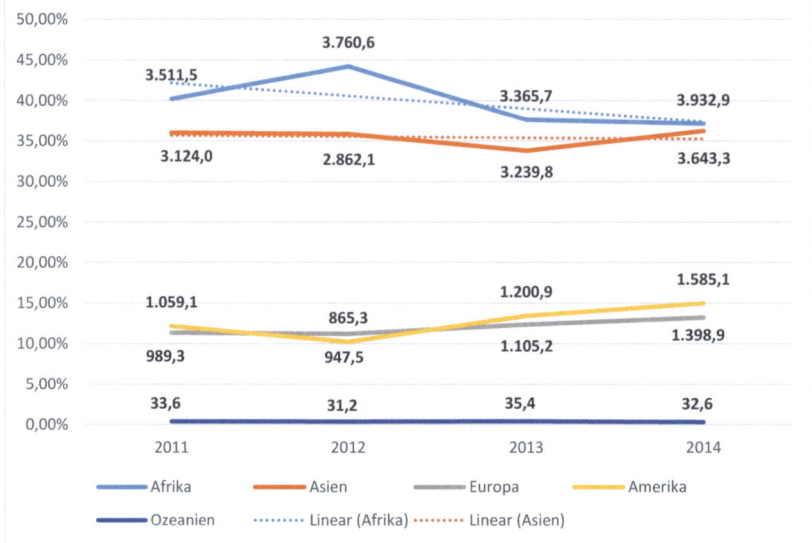

Quelle: Eigene Darstellung basierend auf: BMZ (2016b), S. 1

Hier lässt sich feststellen, dass Afrika in jedem Jahr der größte ODA-Empfänger und damit Schwerpunktkontinent der letzten Jahre war, der relative Anteil jedoch in den letzten zwei Jahren deutlich abgenommen hat und der Trend in die Richtung gehen könnte, dass Asien Afrika als größten Zahlungsempfänger in 2015 ablöst.

Um die vermeintliche Schwerpunktsetzung etwas besser analysieren zu können, ist es jedoch nötig, dass bilaterale und multilaterale ODA-Volumina getrennt zu betrachten. Zudem sollen diese beiden Größen mit dem zweitgrößten Empfänger Asien verglichen werden. Die anderen Regionen sollen aufgrund ihrer geringeren Bedeutung keine weitere Beachtung im Vergleich finden.

Innerhalb des BMZ wird der Anspruch, Afrika eine Sonderstellung einzuräumen, deutlich. 2015 sollen nach der Haushaltsplanung des BMZ ganze 51% der bilateralen Mittel Afrika zukommen[210] (Asien auf dem zweiten Platz erhält nur 26,2 %[211]).

Vor zehn Jahren erhielt Afrika nur 28%. 2016 sind sogar fast 54 % der gesamten bilateralen Mittel für Afrika eingeplant.[212] Betrachtet man jedoch die gesamten aufteilbaren bilateralen Netto-ODA-Ströme an Asien und Afrika der letzten Jahre, wird ersichtlich, dass afrikanische

---

[210] Vgl. DAC **(2015),** S. 48
[211] Vgl. Martens, J. **(2015),** S. 18
[212] Vgl. Martens, J. **(2015),** S. 18

Länder in der bilateralen Zusammenarbeit nicht den quantitativen Schwerpunkt deutscher EZ-Bemühungen ausmachen:

Abbildung 7: Bilaterale Netto-ODA nach Kontinenten 2010-2014 (relativer Anteil und absolut in Mio. €)

Quelle: Eigene Darstellung basierend auf: BMZ (2016b), S. 1

Wie Abbildung 7 aufzeigt, hatte Afrika in 2013 und 2014 nur einen Anteil von etwa 32 %, während Asien 2014 auf über 39 % und 2013 sogar auf über 42,6% der bilateralen Netto-ODA kam.

Bis auf das Jahr 2012, in dem Asiens Anteil an der aufteilbaren, bilateralen Netto-ODA Deutschlands nur gering über dem Afrikas lag, scheint Asien also den eindeutigen Schwerpunkt deutscher bilateraler EZ auszumachen.

Gleichbedeutend zeigt sich also in Bezug auf bilateraler EZ eine deutliche Diskrepanz zwischen politischen Absichten seitens BMZ und BR, Afrika als Schwerpunktkontinent zu behandeln und dem tatsächlichen Ausgabeverhalten.

Da wir bereits wissen, dass Afrika zwar der größte Empfänger der gesamten ODA ist, bei der bilateralen ODA aber weit hinter Asien hinterherhinkt, muss im Umkehrschluss der Anteil Afrikas an deutscher multilateraler ODA deutlich über denen anderer Regionen liegen, wie auch Abbildung 8 verdeutlicht:

31

Abbildung 8: Anteil Asiens und Afrikas an Deutschlands multilateraler Netto-ODA 2010-2014 (relativ und absolut in Mio. €)

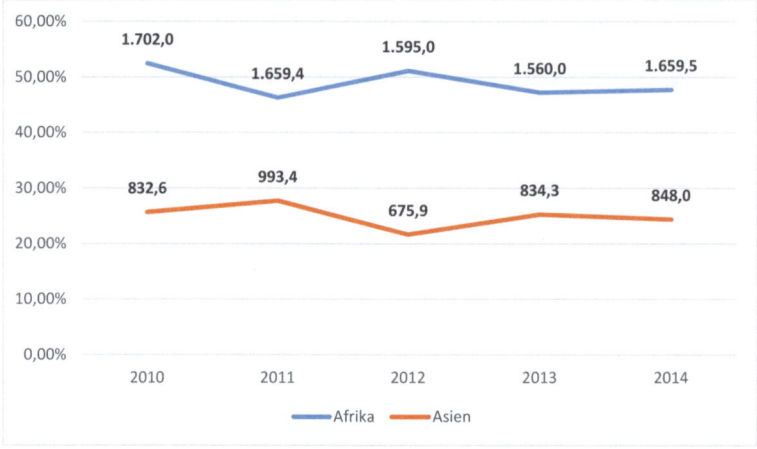

Quelle: Eigene Darstellung basierend auf: BMZ (2016b), S. 1

Betrachtet man also ausschließlich die nach Regionen aufteilbaren Netto-ODA Ströme an multilaterale Organisationen, wird Deutschland seinem Anspruch in Bezug auf EZ mit Afrika gerecht, das einen Anteil von durchschnittlich rund 49% an der multilateralen Netto-ODA 2010-2014 erhielt, während im selben Zeitraum der zweitgrößte Empfänger, Asien, nur auf etwa die Hälfte (rund 25%) kam.

Die Konzepte von der BR haben, wie im vorherigen Kapitel beschrieben, die Bedeutung der Kooperation mit multilateralen Organisationen in Bezug auf die EZ mit Afrika betont, etwa zur Förderung von regionaler Zusammenarbeit oder um intraregionale Konflikte vorzubeugen. Diesem Ziel wird anscheinend konsequent nachgegangen.

Nun könnte damit einhergehend argumentiert werden, dass Deutschland seiner Schwerpunktsetzung zumindest teilweise gerecht wird, da durch die großen EZ-Leistungen über multilaterale Institutionen trotz der geringer ausfallenden bilateralen Zusammenarbeit, Afrika größter ODA-Empfänger ist.

Um eine andere mögliche Perspektive aufzeigen zu können, soll nun eine andere EZ-Größe der OECD, die CPA (Country Programmable Aid),[213] oder auch länderprogrammierbare Leistungen, erläutert werden.

Hier ist der Unterschied zwischen Asien und Afrika evident zugunsten Asiens.

Nach von der OECD zur Verfügung gestellten Grafiken kam Asien auf 38% von Deutschlands Gesamt-CPA in 2014, Afrika nur auf 29%. Ein Jahr zuvor erhielt Asien sogar 46% der Gesamt-CPA (Afrika 28%).[214]

Man könnte daraus schließen, dass Afrika scheinbar einen weitaus größeren Anteil an nicht programmierbaren Leistungen erhält als Asien, also größere Anteile an Leistungen z.b. im Bereich der humanitären oder der Lebensmittel-Hilfe. Ob Afrikas Probleme mit der bereitgestellten ODA unter dieser Voraussetzung effektiv bekämpft werden können, ist offen.

Da die CPA bi- und multilaterale Leistungen umfasst, ließe sich bei Anerkennung dieser Messgröße bei gleichzeitigem Ausblenden der ODA-Ströme ganz klar eine Verfehlung der Schwerpunktsetzung Deutschlands zu Lasten Afrikas und zu Gunsten Asiens registrieren.

5.2.4 Fazit

Unabhängig davon, dass das starre Festhalten an der 0,7% BNE/ODA-Quote immer wieder kritisiert wird, da es keinen Sinn habe, erst über Beträge zu diskutieren und dann über die Aufgaben, die mit Hilfe dieser finanziert werden sollten,[215] und eher nicht ein Mehr an quantitativer EZ sondern ein Mehr an qualitativer EZ das Ziel sein sollte,[216] die klare Verfehlung dieses Zieles bedeutet indirekt, dass Afrika quantitativ deutlich weniger Zuwendungen erhält als bei Erreichung des Zieles.

---

[213] Anm · Wie schon in dem Abschnitt „Official Development Assistance" beschrieben, kommen einige Leistungen, die als ODA angerechnet werden dürfen, den Entwicklungsländern nicht zugute. Die CPA versucht, diese Leistungen herauszurechnen um eine „reale" Größe von Entwicklungszusammenarbeitsleistungen zu erhalten. Aus diesem Grund ist CPA eine Teilmenge von ODA-Leistungen. Ausgehend von der bilateralen Brutto-ODA werden somit 1. inhärent unvorhersehbare Leistungen (wie humanitäre Hilfe oder Schuldenerlasse) 2. jegliche Finanzströme ins Geberland (Ausgaben im Inland für Flüchtlinge, Studienplatzkosten, entwicklungspolitische Bildungsarbeit und administrative Kosten) und 3. Leistungen, die normalerweise nicht zwischen der Haupt-EZ-Organisation, in diesem Fall also dem BMZ, und den Empfängerländern abgesprochen werden (etwa Lebensmittelhilfe, oder EZ-Leistungen von Gemeinden), herausgerechnet. Auch wenn die Technische Zusammenarbeit, obwohl im Rahmen jener oft die Prozeduren der Nehmerländer missachtet werden, nicht subtrahiert wird, umfasst die CPA kurz gesagt den Anteil der EZ-Leistungen, bei der den Entwicklungsländern ein signifikantes Mitspracherecht eingeräumt wird (oder zumindest werden sollte). Multilaterale CPA wird wie die bilaterale CPA berechnet. Vgl. Benn, J. u.a. **(2010)**, S. 1 f.
[214] Vgl. OECD **(o.J.a)**
[215] Vgl. Seitz, V. **(2011)**, S. 71
[216] Vgl. Seitz, V. **(2011)**, S. 22 ff.

Darüber hinaus konnte herausgestellt werden, dass Afrika das höchste Netto-ODA-Volumen erhält (wenngleich bei dem momentan sehr geringen Vorsprung zu Asien schwerlich von einer Fokussierung auf Afrika gesprochen werden kann).[217]

Bei Aufteilung in bi- und multilaterale ODA jedoch wurde erkenntlich, dass Afrika zwar mit Abstand am meisten multilaterale ODA von deutscher Seite erhält, auf bilateraler Ebene aber abgeschlagen auf dem zweiten Platz liegt. Für eine einwandfreie Zielerreichung nach dem ODA-Kriterium gibt es im Bereich der bilateralen EZ Steigerungsbedarf.

Die Betrachtung der CPA-Größen ist ernüchternd. Welches Messinstrument angebrachter ist, um EZ-Leistungen messbar zu machen, ist objektiv nicht zu beantworten. Aus diesem Grund soll es dem Leser überlassen sein, nach Bedarf eine Präferenz anhand der gegebenen Informationen zu ODA und CPA zu bilden.

Eine Anerkennung der CPA unter gleichzeitiger Beibehaltung der ODA-Zahlen würde allerdings in jedem Fall tendenziell den Eindruck untermauern, dass Deutschland seinen quantitativen Afrikazielen nicht nachkommt.

Zumindest lässt sich unter Betrachtung der CPA die Aussage treffen, dass Afrika ein deutlich geringeres Mitspracherecht als Asien bei Erhalt von als ODA-anrechenbare Leistungen inne zu haben scheint.

Summa summarum lässt sich feststellen, dass Deutschlands Ziel, Afrika eine Sonderstellung in der EZ einzuräumen, quantitativ nur unzureichend erreicht wird.

5.3 Die MDGs als Indikator für eine wirksame EZ

5.3.1 Einleitung

Auch wenn ihnen (zu Recht) ökologische Blindheit vorgeworfen wird,[218] die Millennium Development Goals (MDGs), oder auch Millennium-Entwicklungsziele sind nach Einschätzung der VN der „erfolgreichste je unternommene globale Vorstoß gegen die Armut."[219]

Um Teufelskreise aus Armut, Hunger, Mangel an Bildung, Wassermangel etc. zu durchbrechen, kamen im Jahr 2000 Staats- und Regierungschefs aus 189 Ländern zu der bis dato größten 55. Generalversammlung der VN in New York zusammen und verabschiedeten die

---

[217] Anm.: Allerdings sollte nicht aus der Betrachtung fallen, dass Asien wirtschaftlich zwar besser als Afrika aufgestellt ist, allerdings auch fast vier Mal so viele Einwohner wie Afrika hat und Afrika gemessen an Pro-Kopf ODA deutlich größere Zuwendungen erhält als Asien. Vgl. Statista (2015)

[218] Anm.: Aufgrund der wenig konkreten Forderungen in MDG 7 werden die systemischen Interdependenzen zwischen Armutsbekämpfung und Umweltschutz unterbelichtet. Vgl. Martens, J. (2015), S. 11; Nuscheler, F. (2004), S. 575 ff.

[219] Vereinte Nationen (2013), S. 3

sogenannte Millenniumserklärung.[220;221] Aus dieser gingen 2001 die besagten acht MDGs hervor, die sich wechselseitig beeinflussende Handlungsfelder definierten.[222;223] Die MDGs sind durch 18 Unterziele und 48 Indikatoren spezifiziert.[224]

Sie markieren damit die ersten verbindlichen Entwicklungsziele auf internationaler Ebene.[225] Die Millenniumserklärung bildet damit den Versuch, ursprünglich auf nationaler Ebene zu erreichende Entwicklungsziele mit dem Ziel der globalen Entwicklungspartnerschaft und einer gemeinsamen Definition der dringendsten Weltprobleme zusammenzubringen und kommt damit dem Ideal Deutschlands einer "Globalen Strukturpolitik" recht nahe.[226;227]

Deutschland hat sich dementsprechend stets zu diesen Zielen bekannt, die BR hat immer wieder betont, dass alles zu der Umsetzung der MDGs getan werden müsse.[228]

Das folgende Unterkapitel soll somit die Wirksamkeit deutscher EZ in Hinblick auf die Zielerreichung der MDGs in Afrika, besonders in Sub-Sahara Afrika als ärmste Region der Welt, analysieren. Für die meisten von den Indikatoren war eine Umsetzungsfrist bis 2015 vorgesehen, [229] deswegen besitzt die Analyse ihres Zielerreichungsgrades auch noch nach über 15 Jahren ihrer Verfassung Aktualität. Dementsprechend soll erst auf den Inhalt der MDGs, dann auf ihre Zielerreichung in Afrika und dann auf den deutschen Beitrag zu der Zielerreichung bezüglich der ODA-Allokationen in die die MDGs betreffenden Bereiche eingegangen werden.

5.3.2   Inhalt und Ziele der Millennium Development Goals

Als erstes Ziel und oberste Priorität der EZ steht MDG1 mit der *Beseitigung der extremen Einkommensarmut und des Hungers*. Zielvorgaben sind unter anderem die Halbierung des Anteils der Menschen, deren Einkommen weniger als 1 US$ pro Tag beträgt und derer, die an Hunger leiden. Indikatoren hierfür sind etwa der Anteil der Bevölkerung mit weniger als 1 Dollar $ (in Kaufkraftparitäten[230]) pro Tag, aber auch das Verhältnis von Beschäftigung zu Bevölkerung.

---

[220] Vgl. Morazán, P./Müller, F. **(2014)**, S. 5
[221] Vgl. BMZ **(2015r)**
[222] Vgl. Morazán, P./Müller, F. **(2014)**, S. 5
[223] Vgl. BMZ **(2015r)**
[224] Vgl. Loewe, M. **(2005)**, S. 1
[225] Vgl. Europäische Kommission **(2010)**, S. 3
[226] Vgl. Hartmann, C. **(2011)**, S. 17
[227] Anm.: Siehe Annex 1 zum Begriff „Entwicklung".
[228] Vgl. Prestin K. et al **(2010)**, S. 4
[229] Vgl. Loewe, M. **(2005)**, S. 1
[230] Anm.: Bei anderen Währungen also der Kaufkraft von einem $ Dollar entsprechend. Vgl. Burg, F. **(2011)**, S. 1 ff.; Weerth, C. **(o.J.)**

MDG2 zielt auf die *Verwirklichung der allgemeinen Grundschulbildung für alle Kinder* ab. Bis 2015 sollte sichergestellt werden, dass alle Mädchen und Jungen dieser Welt eine Grundschulbildung vollständig abschließen können. Indikatoren hierfür sind u.a. die Netto-Bildungsbeteiligungsquote im Grundschulbereich oder der Anteil derer, die die letzte Klassenstufe der Grundschule erreichen.

Durch die *Förderung der Gleichstellung der Geschlechter* sollen mit MDG3 geschlechterspezifische Ungleichheiten abgebaut werden, gemessen etwa durch das Verhältnis von Mädchen zu Jungen in der Grund- und Sekundarschulstufe und später auch im tertiären Bildungsbereich.

Zudem sollte von 1990 bis 2015 die *Senkung der Kindersterblichkeit* (MDG4) durch die Herabsetzung der Sterblichkeitsrate von Kindern unter fünf Jahren (U5MR[231]) und der Säuglingssterblichkeitsrate um insgesamt zwei Drittel erreicht werden oder die *Verbesserung der Gesundheit von Schwangeren und Müttern* (MDG5), mit z.B. dem Unterziel, zwischen 1990 und 2015 die Müttersterblichkeitsrate um drei Viertel senken. Durch MDG 6 sollen gleichzeitig die *Bekämpfung von HIV/AIDS, Malaria und anderen Infektionskrankheiten* vorangetrieben werden mit der Zielvorgabe, bis 2015 die Ausbreitung von HIV/AIDS oder Malaria zum Stillstand bringen.

Die *Sicherung der ökologischen Nachhaltigkeit* (MDG7) soll biologische Vielfalt und Umweltressourcen sichern, etwa durch eine deutliche Verringerung des Kohlenstoffdioxidausstoßes. Auch sollte bis 2015 der Anteil der Menschen um die Hälfte gesenkt werden, die keinen Zugang zu sauberem Trinkwasser und grundlegenden sanitären Einrichtungen haben.

MDG8 hat den *Aufbau einer globalen Entwicklungspartnerschaft* zum Ziel. Hier wird u.a. gefordert, den Bedürfnissen der LDCs Rechnung zu tragen, denen später ein eigenes Unterkapitel eingeräumt wird. [232]

5.3.3 Der Zielerreichungsgrad der Millennium Development Goals in Afrika

Auch wenn UN-Generalsekretär Ban Ki-Moon die MDGs als „die erfolgreichste Armutsbekämpfungsbewegung der Geschichte"[233] bezeichnet und sich klare Fortschritte bei den meisten MDGs in Afrika abzeichnen, sind besonders in Sub-Sahara Afrika noch große Anstrengungen erforderlich, um die eigentlich bis 2015 vorgesehene Zielerreichung eventuell innerhalb der nächsten Dekade realisieren zu können.

---

[231] Anm.: U5MR ist die Abkürzung für Under-5-Mortality-Rate.
[232] Anm.: Für den Abschnitt Vgl. Vereinte Nationen (**2010**), S. 1 ff.; vgl. Loewe, M. (**2005**), S. 1
[233] Vereinte Nationen (**2015**), S. 3

Die Armut konnte zwar reduziert werden, verfehlt aber um Weiten das für 2015 vorgesehene Ziel von einem Anteil von 28,5 % an Menschen, die unterhalb von 1 US-Dollar am Tag leben (der Ausgangswert in SSA lag bei hohen 57% in 1990).[234] 2010 lag diese Quote bei etwa 48 %, in einigen Ländern war die Armutsrate sogar noch im Vergleich zu 1990 gestiegen.[235] Absolut hat sich die Anzahl an extrem armen Menschen fast verdoppelt.[236] Ein weiterer erwähnter Indikator, der für MDG1 herangezogen wird, ist das Verhältnis von Beschäftigten zu Bürgern, dieses scheint sich deutlich verschlechtert zu haben: Lag es 2005 in Afrika noch bei 57,7% sank es bis 2012 auf 44,4%.[237] Erinnern wir uns an genannte Probleme Afrikas, das hohe Bevölkerungswachstum (jünger werdende Gesellschaft) und die Größe des informellen Sektors, finden sich mögliche Ursachen für diese Verschlechterung.

Die Halbierung von Hungerleidenden wird in SSA deutlich verfehlt. Die im Abschnitt „Armut und Hunger" genannte Zahl von 214 Millionen Hungerleidenden in SSA bedeutet, dass in der Periode 2011-2013 noch 25% der Menschen unterernährt waren. Das ist lediglich eine achtprozentige Verbesserung im Vergleich zu 1990-1992.[238]

Auch wenn der Fokus von MDG2 auf besonders eine 100%ige Nettoeinschulungsquote etwas kurzsichtig zu sein scheint (diese sagt schließlich weder etwas über die Qualität des Unterrichts aus, noch, ob die Kinder überhaupt erscheinen/graduieren), er soll dennoch bemüht werden. Die VN brüsten sich damit, dass in mehr als 68% aller Länder Afrikas mindestens eine Quote von 75% herrsche.[239] Negativ formuliert bedeutet dies aber, dass in etwa einem Drittel der afrikanischen Länder mindestens ein Viertel der Kinder (mit beliebigem Spielraum nach unten) nicht einmal eingeschult werden. Ob sich so überhaupt eine Verbesserung der Quote von 58 % (2000)[240] ergeben hat, ist somit nicht festzustellen. Was sich feststellen lässt, ist, dass lediglich 67 % der Grundschüler diese Bildungseinrichtung auch abschließen (etwa wegen begrenzten Kapazitäten der Schulen oder Konflikten).[241] Afrika ist also weit von dem 100%-Ziel der Komplettierungsrate entfernt.[242]

Bezüglich MDG3 hat Afrika deutliche Verbesserungen erzielt, auf 100 Jungen in Grundschulen kommen nun 93 Mädchen (86 in 1990), im tertiären Bereich immerhin 87 (nur 55 in

---

[234] Vgl. Action for Global Health (o.J.), S. 1
[235] Vgl. United Nataions Economic Commission for Africa (2015), S. xiii
[236] Anm.: Siehe Abschnitt "Armut und Hunger" im Unterkapitel „Afrika als Krisenkontinent"
[237] Vgl. United Nataions Economic Commission for Africa (2015), S. xiii f.
[238] Vgl. United Nataions Economic Commission for Africa (2015), S. xiv
[239] Vgl. United Nataions Economic Commission for Africa (2015), S. 79
[240] Vgl. Action for Global Health (o.J.), S. 1
[241] Vgl. United Nataions Economic Commission for Africa (2015), S. xiv
[242] Vgl. United Nataions Economic Commission for Africa (2015), S. 9

1990).[243] Offensichtlich wird aber auch, dass noch große Schritte unternommen werden müssen, bis objektiv von „Gleichberechtigung" gesprochen werden kann.

MDG4 betreffend konnte 2012 die U5MR in Afrika signifikant gesenkt werden, von 146 gestorbenen Lebendgeburten unter 5 Jahren aus 1000 hin zu 65. Das entspricht einer 55,5%igen Reduktion, die dennoch wahrscheinlich die Verfehlung des 67%igen Reduktionsziels bis 2015 bedeutet.[244]

Die Säuglingssterblichkeitsrate konnte durchschnittlich um 40% (von 90 aus 1000 in 1990 auf 54 in 2014) gesenkt werden. Hier wird die Reduktion um zwei Drittel trotz positivem Trend also deutlich verfehlt.

Nur vier Länder Afrikas konnten bis 2013 die Senkung der Müttersterblichkeitsrate um 75% erreichen (MDG5),[245] mit 289/100.000 Müttern in 2013 (575/100.000 in 1990), hat Afrika immer noch die höchste Müttersterblichkeitsrate der Welt.[246]

Positive Tendenzen zeigen sich bei der Verfolgung von MDG6, da der Teil der mit HIV befallenen Erwachsenen zurückgeht, und zwar von 5,6% in 2005 auf 4,7% in 2013 in SSA, da seit 2001 die Neuinfektionsrate in etwa halbiert werden konnte.[247] Dennoch, 90% aller Malariatoten und mehr als 50% aller HIV/AIDS-, Malaria- und Tuberkulosetote zusammen kommen weiterhin aus Afrika.[248;249]

Bei MDG7 wird allgemein festgestellt, dass die Weltengemeinschaft mehr Rück-als Fortschritte macht, besonders beim Kohlenstoffdioxidausstoß.[250] Wenig überraschend trug Afrika als Kontinent mit dem geringsten Ausstoß jedoch am Wenigsten zu der Verschlechterung bei, wenngleich 38 Länder ihre Emissionen 1999-2010 erhöhten.[251]

Nach wie vor ist der Zugang zu sanitären Anlagen für Menschen gering. Hier zeigen sich Unterschiede zwischen NA (72% auf 91% von 1990 bis 2012) und SSA (von 24% auf nur 30% im selben Zeitraum). In SSA wird das Ziel eines Zugangs von 67% der Population also weiterhin klar verfehlt.[252] Immerhin könnte das Teilziel, den Anteil derer, die keinen Zugang zu einwandfreiem Trinkwasser haben, zu halbieren, erreicht worden sein. Denn 2012 hatten 64% der Menschen (bei angestrebten 67,5% für 2015) in SSA einen Zugang.[253;254]

---

[243] Vgl. United Nataions Economic Commission for Africa (2015), S. 16
[244] Vgl. United Nataions Economic Commission for Africa (2015), S. xv
[245] Vgl. United Nataions Economic Commission for Africa (2015), S. 27
[246] Vgl. United Nataions Economic Commission for Africa (2015), S. xv
[247] Vgl. United Nataions Economic Commission for Africa (2015), S. 39
[248] Vgl. United Nataions Economic Commission for Africa (2015), S. 42
[249] Vgl. United Nataions Economic Commission for Africa (2015), S. xvi
[250] Vgl. Morazán, P./Müller, F. (2014), S. 6
[251] Vgl. United Nataions Economic Commission for Africa (2015), S. xvi
[252] Vgl. United Nataions Economic Commission for Africa (2015), S. 48
[253] Vgl. United Nataions Economic Commission for Africa (2015), S. 48

Es lässt sich somit der Schluss ziehen, dass alle behandelten MDGs (oder Teile von ihnen) in Afrika bis 2015 verfehlt worden sind. Dennoch lassen sich in einigen Bereichen, wie beschrieben, positive Tendenzen bis hin zu großen Fortschritten feststellen.

Überdies hinaus sollte nicht vergessen werden, dass die Weltgemeinschaft mit Afrika sicherlich von Anfang an einen schweren Stand bei der Erreichung einiger MDGs hatte, da die Ausgangslage in 1990 denkbar ungünstig war (etwa die Armutsrate von 57%).

Auch lässt sich nicht eindeutig sagen, welchen Einfluss die Kreierung der MDGs auf ihre eigenen Ziele hatte. So wiesen etwa die Autoren einer Oxfam-Studie darauf hin, dass es nur schwache Beweise dafür gäbe, dass die Verbesserungen im Bildungs- und Gesundheitssektor und die Reduktion der Armut auf die MDG zurückzuführen seien. Nach ihrer Ansicht sind andere Faktoren wie die im Rahmen des Afrikakonzepts der BR erwähnte „Gute Regierungsführung" relevanter, etwa bezüglich Korruptionsbekämpfung, sowie eine Wirtschaftspolitik, die Entwicklungsimpulse mit sozialen Programmen verbindet. Andererseits spielten auch externe Negativfaktoren (Weltwirtschafts- und Finanzkrisen, Klimawandel etc.) eine nicht zu unterschätzende Rolle.[255]

Somit ist eine objektive Beurteilung, ob und wie groß Deutschlands Beitrag zu der Verbesserung der MDG-Indikatoren in Afrika war oder inwieweit unterlassene oder ungenügende EZ-Leistungen Deutschlands für das Scheitern (mit-)verantwortlich waren, schwer. Armut müsste multidimensional betrachtet werden und nicht nur als die Einkommensarmut von MDG1. Ebenso ist die Ernährungssicherung nicht nur an das Vorhandensein von Nahrung geknüpft, sondern hängt auch von Querschnittsthemen wie dem Zugang zu Wasser und Energie ab.

Damit ist es nicht möglich, eine direkte Korrelation von ODA-Zahlungen Deutschlands, zumal als ein Geber von vielen, mit dem Fortschritt der MDGs herzustellen.

Dennoch soll im nachfolgenden Abschnitt anhand der gegebenen Daten der deutsche Beitrag zu den MDG-Zielen in Afrika bestmöglich evaluiert werden, insbesondere durch einen Blick auf die sektorale Verteilung der EZ-Leistungen in 2014

5.3.4 Der deutsche Beitrag zu den Millennium Development Goals in Afrika

Wenngleich sich der Beitrag Deutschlands zu MDG1 nicht quantifizieren lässt, ist festzustellen, dass, wie bei der Betrachtung des Afrikakonzepts des BMZ beschrieben, die Sonderinitiative „Eine Welt ohne Hunger" die Hungerbekämpfung, besonders in Afrika, in den letzten

---

[254] Vgl. Action for Global Health (o.J.), S. 1
[255] Vgl. Green, Duncan/Hale, Stephan/Lockwood, Matthew (2012), S. 8 ff.

Jahren sowohl als Arbeitsschwerpunkt als auch bezüglich des Finanzierungsvolumens wieder stärker in den Fokus der deutschen EZ gerückt hat.[256]

Zwar liegen nur für 2014 und nur für die bilaterale Netto-ODA afrikaspezifische Ausgaben nach Förderbereichen vor,[257] dennoch lässt der Verlauf der bilateralen Netto-ODA nach Förderbereichen 2012-2014 für alle Länder vermuten, dass der ODA-Anteil für Bildung auch für Afrika rückläufig von 2012 (Anteil von 20%) über 2013 (18,2%) bis 2014 (15,6%) war.[258] In 2014 gingen mit 277,4 Mio. € nur etwa 3% der gesamten bilateralen Netto-ODA in den Bildungssektor nach Afrika. Asien erhielt 250% mehr (695,2 Mio. €).[259]

Für die Größe der finanziellen Zuwendungen Deutschlands zur Zielerreichung von MDG2 reicht ein Blick auf die Fördergröße der Bildungskosten jedoch nicht aus, da MDG2 einerseits nur den Grundschulsektor berührt, anderseits auch Bildungsausgaben für Staatsangehörige in Deutschland unter diesen sektoralen Punkt fallen, wie ein genauerer Blick in die Förderbereichsschlüssel zeigt.[260;261]

Mit einem Anteil von weniger als 9% der Bildungsausgaben für die die Grundschulbildung umfassende Grundbildung (1,5% bzw. 1,4% von der gesamten bilateralen Netto-ODA) in 2013-2014 fällt die tiefergehende Betrachtung sehr ernüchternd aus.[262]

Auch MDG3 ist als Querschnittsthema deutscher EZ schwierig zu erfassen, jedoch hatten 2013 42% der deutschen bilateralen, nach Sektoren aufzuschlüsselnde ODA-Leistungen die Gleichstellung der Geschlechter und die Stärkung von Frauen als Haupt- oder bedeutendes Ziel, (gegenüber einem DAC-Durchschnitt von 33%).[263] Deutschland zeigt somit wahrscheinlich auch in Afrika eine durchaus befriedigende Leistung zur Erreichung von MDG3.

Da Verbesserungen für MDG4 bis MDG6 vor allem auf Investitionen in das Gesundheitswesen (z.B. medizinische Aus- und Fortbildung, Bekämpfung von Infektionskrankheiten) aber auch auf Investitionen in dem Förderbereich „Bevölkerungspolitik" (Förderung reproduktiver Gesundheit, Familienplanung, Bekämpfung von sexuell übertragbaren Krankheiten)[264] zurückzuführen sind, werden diese zusammen betrachtet.

Ähnlich wie bei MDG2 sind die Fördersummen in diesem Bereich in Anbetracht der von Deutschland kommunizierten Wichtigkeit der MDGs eher unbefriedigend.

---

[256] Vgl. Martens, J. (2015), S. 28
[257] Vgl. BMZ (2015e), S. 1
[258] Vgl. BMZ (2015d), S. 1
[259] Vgl. BMZ (2015e), S. 1
[260] Vgl. BMZ (2015l)
[261] Anm.: Ob dies den Entwicklungsländern uneingeschränkt zu Gute kommt, ist fraglich.
[262] Anm.: Hier liegen keine für Afrika spezifischen Daten vor.
[263] Vgl. DAC (2015), S. 42
[264] Vgl. BMZ (2015l)

Maximal 5% deutscher bilateraler Netto-ODA flossen 2012-2014 in die Förderbereiche „Bevölkerungspolitik" und „Gesundheitswesen".[265] Weniger als 1,8% der deutschen bilateralen Netto-ODA 2014 ging in diese Förderbereiche nach Afrika.[266]

Besser ausgestattet vom Finanzvolumen sind die beiden für MDG 7 relevanten Bereiche. Der unter „wirtschaftliche Infrastruktur" fallende Sektor „Energieerzeugung und -Versorgung" umfasst u.a. auch erneuerbare Energien oder Energieeffizienz.[267] Das macht ihn relevant für den Nachhaltigkeitsbegriff in MDG7. Dennoch lässt sich nicht beurteilen, wie hoch die Fördermenge jeweils für erneuerbare und nichterneuerbare Energien ist.

Insgesamt gesehen scheint der Sektor an Wichtigkeit zu gewinnen, mit einem bilateralen Netto-ODA-Anteil von 9,2% in 2012 und 14% in 2014. Jedoch spielt Afrika trotz des bekundeten Interesses an Energiepartnerschaften und Rohstoffkooperationen mit 237,7 Mio. € Fördervolumen (2,72% an der gesamten ODA) 2014 gegenüber Asien (348,5 Mio. €), und Amerika (425,2 Mio. €) eine untergeordnete Rolle.[268]

Der für die Unterziele der Trinkwasserversorgung und sanitären Anlagen relevante Förderbereich „Wasser und Abwasser-/Abfallensorgung" wurde 2014 mit etwa 200 Mio. € gefördert (2,3%), Asien bekam mit 240 Mio. € etwas mehr.[269]

Zusammenfassend liegen die auf die MDG 2-7 direkt Bezug nehmenden sektoralen Bereiche sozialer Infrastruktur „Gesundheitswesen", „Bildung", „Bevölkerungspolitik", „Wasser (…)" in Afrika bei lediglich 670 Mio. € (7,2 % der bilateralen Netto-ODA 2014), in Asien 1.116 Mio. € fast doppelt so hoch.

5.3.5 Fazit

Auch wenn sich wie zuvor erwähnt nur bedingt eine Aussage zum deutschen Beitrag zur Zielerreichung der MDGs in Afrika treffen lässt, scheint der direkt auf die MDGs zu beziehende sektorale Beitrag ungenügend zu sein, auch da der Kontinent Asien in den relevanten Bereichen deutlich höhere bilaterale Zuwendungen erhält.

Ob Deutschland so der DAC-Forderung von 2010 nachkommt, ein größeres Gewicht auf Subsahara-Afrika zu legen, die am Weitesten von der Erreichung MDGs entfernt ist,[270] bleibt somit fraglich.

---

[265] Vgl. BMZ **(2015d)**, S. 1
[266] Vgl. BMZ **(2015e)**, S. 1
[267] Vgl. BMZ **(2015l)**
[268] Anm.: Siehe Afrikakonzept der Bundesregierung
[269] Vgl. BMZ **(2015e)**, S. 1
[270] Vgl. DAC **(2010)**, S. 34

Allerdings lassen einige Förderbereiche einen indirekten Einfluss auf die MDGs vermuten. Die beiden größten bilateralen Förderbereiche 2014 in Afrika, „Finanzwesen" (390 Mio. €) und „Staat und Zivilgesellschaft" (312 Mio. €), könnten etwa zu einer verbesserten Steuererhebung und Verhinderung von Kapitalflucht[271] oder zu der von den Oxfam-Autoren forcierten „guten Regierungsführung" und der Vermeidung von Konflikten beitragen. Durch diesen multisektoralen Ansatz könnte Deutschland mittelbar und langfristig so einen größeren Beitrag zu den interdependenten MDGs leisten als durch die direkt auf die MDG Bezug nehmenden Bereiche. Da die vom BMZ zur Verfügung gestellten Informationen aber genauere Aussagen zu Förderbereichen der zuletzt genannten Sektoren ebenso wie zu eventuellen EZ-Erfolgen nicht zulassen, kann letztlich keine objektive Aussage diesbezüglich getroffen werden.

5.4 Wirksamkeitsanalyse deutscher EZ im Rahmen der internationalen Wirksamkeitsagenda

5.4.1 Einführung

Wie bereits thematisiert, ist der starre Blick auf die Quantität der zur Verfügung gestellten Finanzmittel ein unzureichendes Kriterium, um die Wirksamkeit von EZ zu erfassen.[272] Tatsächlich sei Afrika durch eine Überflutung mit „Entwicklungshilfe-Milliarden" sogar noch ärmer geworden, wird kritisiert.[273]

Weniger radikale Kritiker sprechen von einem sogenannten „Grenznutzen" der EZ: Verschiedene Studien gehen davon aus, dass die ersten EZ-Euro eine größere Wirkung erzielen würden als weitere Euro. Einige Analysen ermitteln sogar einen „Sättigungspunkt", ab dem ein Einsatz zusätzlicher EZ-Mittel nicht mehr sinnvoll, sondern schädlich sei.[274;275]

Aus Eindrücken der EZ-Kritik wurde mit der Verabschiedung der Millenniumserklärung einhergehend eine Diskussion über die Effektivität der Entwicklungszusammenarbeit („Aid Effectiveness") angestoßen. Seit 2003 haben aus diesem Grund vier sogenannte „hochrangige Foren zur Wirksamkeit der Entwicklungszusammenarbeit" (HLF) stattgefunden: in Rom (2003), Paris (2005), Accra (2008) und Busan (2011). Deutschland hat nach Aussage des

---

[271] Anm.: Siehe Abschnitte „Größe des informellen Sektors" und „Kapitalflucht" im Unterkapitel „Afrika als Krisenkontinent".
[272] Anm.: Siehe „Finanzvolumen als quantitatives Bewertungskriterium".
[273] Vgl. Ferguson, N., Vorwort in Moyo, D. **(2010),** S. xix
[274] Vgl. Klingebiel, S. **(2013),** S. 64
[275] Anm.: Dieser Sättigungspunkt wird uneinheitlich bestimmt und ungefähr zwischen 15 und 45 Prozent des BNE vermutet. Vgl. ebd.

BMZ die Vorbereitung dieser Konferenzen aktiv unterstützt und die Diskussionen „entscheidend" mitgestaltet.[276]

Um die deutsche EZ anhand der Forderungen der hochrangigen Foren evaluieren zu können, sollen die vier zuerst kurz vorgestellt werden. Da die im Abschnitt „Entwicklungsland" erwähnten Peer Reviews des DAC vor Allem die Analyse der Umsetzung der Wirksamkeitsagenda jener Foren zum Ziel haben, wird in besonderem Maße auf jene zurückgegriffen werden, wenngleich sie die deutsche EZ im Allgemeinen betrachten, sodass leider von den generellen Feststellungen auf die deutsche EZ mit Afrika geschlossen werden muss.

5.4.2 Die vier hochrangigen Foren: Ein Überblick

5.4.2.1 Die Erklärung von Rom (2003)

Der erste sichtbare Erfolg zu einer wirksameren EZ war 2003 in Rom, Italien auf dem ersten hochrangigen Forum mit der sogenannten „Rome Declaration" zu beobachten.[277] Das Forum markierte damit den ersten Anlass, bei dem Prinzipien der „Aid Effectiveness" in einer konkreten Deklaration festgehalten wurden.[278]

Es wurde sich unter anderem darauf geeinigt, dass EZ basierend auf die Prioritäten der Nehmerländer ausgerichtet erfolgen, Kooperation der Geber und Flexibilität bezüglich Programmen und Projekten in den einzelnen Ländern verstärkt werden und das Monitoring und Evaluation eine größere Rolle spielen solle.[279]

Diese Ziele wurden innerhalb der nachfolgenden Foren bekräftigt und konkretisiert.

5.4.2.2 Pariser Erklärung über die Wirksamkeit von EZ (2005)

Das HLF 2 fand zwei Jahre später nach dem Treffen in Rom im Frühjahr 2005 in Paris, Frankreich statt. Über 100 Vertreterinnen und Vertreter aus Industrie-, Schwellen- und auch Entwicklungsländern, von internationalen Entwicklungsorganisationen und aus Wirtschaft und Gesellschaft einigten sich auf die „Paris Declaration on Aid Effectiveness".[280] Damit ermöglichte das zweite hochrangige Forum das erste Mal in der Geschichte in der EZ, dass sich Geber und Nehmer zusammen auf gegenseitige Verpflichtungen und Rechenschaft zum Zielerreichungsgrad einigen konnten.[281] Bestimmt wurde das Treffen von der Einsicht, dass für die Erreichung der MDGs nicht nur eine volumenmäßige Erhöhung der ODA-Leistungen

---

[276] Vgl. BMZ (2015z)
[277] Vgl. BMZ (2015z)
[278] Vgl. OECD (o.J.h)
[279] Vgl. Manning, R./Reveyrand, M. (2003), S. 2 f.
[280] Vgl. BMZ (2014f)
[281] Vgl. OECD (o.J.h)

und anderer Entwicklungsressourcen erforderlich sei, sondern auch die Wirksamkeit der Leistungen signifikant gesteigert werden müsse.[282]

Zudem wurde der Aufbau von „Entwicklungspartnerschaften" für die EZ genannt, bei dem das Zusammenführen aller relevanten Akteure, die bilateralen und multilateralen Geber, die globalen Fonds, die zivilgesellschaftlichen Organisationen und des Privatsektors für eine erfolgreiche EZ am Wirksamsten sei.[283]

Somit einigte man sich auf 5 in Abbildung 9 aufgezeigte Grundprinzipien, welche mit 12 Fortschrittsindikatoren zur qualitativen/quantitativen Messung der Umsetzung mit konkreten, bis 2010 zu erreichenden, vom DAC festgelegten Zielindikatoren versehen wurden.[284;285]

Abbildung 9: Die 5 Grundprinzipien der Pariser Erklärung

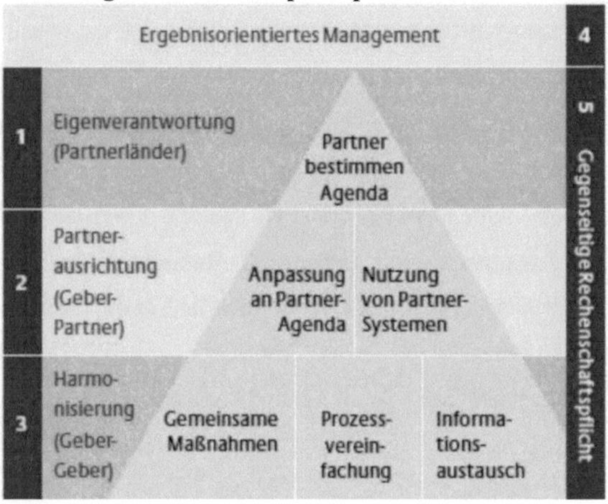

Quelle: BMZ **(2011)**, S. 3

An erster Stelle stand das Prinzip der *stärkeren Eigenverantwortung* („Ownership") der Entwicklungsländer im Blickpunkt der Erklärung. Sie sollten von nun an eine eigene Führungsrolle in Bezug auf ihre Politikausrichtung und Entwicklungsstrategie einnehmen, die es von den Gebern zu respektieren und zu fördern gilt.[286]

Zweitens verpflichteten sich die Geberländer zu einer *verstärkten Partnerausrichtung und Nutzung der Systeme der Partnerländer* („Alignment"), z.B. bezüglich Ausschreibungen von

---

[282] Vgl. OECD German Translation Service **(2005)**, S. 3
[283] Vgl. OECD German Translation Service **(2005)**, S. 3
[284] Vgl. OECD German Translation Service **(2005)**, S. 12 f.
[285] Anm.: Für die 12 Fortschrittsindikatoren der 5 Grundprinzipien der Pariser Erklärung siehe Annex 6.
[286] Anm.: Allerdings ist die Forderung nach „Ownership" in der Literatur nicht unumstritten, da die Geber durch die Betonung auf die Eigenverantwortung der Partnerländer jegliche Verantwortung für die ordnungsgemäße Verwendung der EZ-Mittel an die Empfänger abgeben würden. Vgl. Seitz, V. **(2011)**, S. 57 f.

TZ-Aufträgen oder der Nutzung der Haushalte und Rechnungshöfe der Partner. Dadurch sollten die Geber ihre komplette Unterstützung auf die nationalen Entwicklungsstrategien, -institutionen und -verfahren der Nehmer ausrichten.[287]

Des Weiteren sollten die Geber durch eine *stärkere Abstimmung und Koordinierung* („Harmonization") ihre Programme und Verfahren untereinander besser harmonisieren und transparenter machen und somit zu einer kollektiv höheren EZ-Wirksamkeit führen.

Viertens sollte von nun an eine *Ausrichtung der EZ an Entwicklungsergebnissen* durch ergebnisorientiertes Management („Managing for development results") erfolgen. Geber sollen sich demnach an Ergebnissen (etwa die Verringerung der Säuglingssterblichkeit) und nicht am finanziellen Einsatz (z.B. zehn Millionen Euro für neue Entbindungsstationen) messen lassen.

Zu guter Letzt wurde festgelegt, dass Geber- und Partnerländer *gegenseitig Rechenschaft* über ihr entwicklungspolitisches Handeln gegenüber der Öffentlichkeit und den Parlamenten ablegen sollen ("Mutual Accountability").[288]

5.4.2.3 Der Aktionsplan von Accra (2008)

Der Einsicht folgend, dass die Erfüllung der in Paris formulierten Zielindikatoren bis 2010 klar verfehlt werden würde,[289] fand im September 2008 in Accra, Ghana, dass dritte HLF statt. Auf diesem bekräftigten die Teilnehmer nun, verstärkt durch Vertreter zivilgesellschaftlicher Organisationen, die Ziele der Paris-Agenda und erweiterten diese in der „Accra Agenda for Action".[290;291]

Dieser Aktionsplan von Accra erneuerte die Forderung nach einer Stärkung u.a. der Eigenverantwortung der Entwicklungsländer, der Zusammenarbeit über die Strukturen der Nehmerländer und der Geber-Harmonie, betonte dieses Mal allerdings auch noch deutlicher die Einbindung von Zivilgesellschaft und Privatwirtschaft in diesen Prozess.[292]

Erneut wurde sich mit Nachdruck zu mehr Transparenz und wechselseitiger Prüfung bekannt, im Aktionsplan wird zudem zusätzlich die Erhöhung der Vorhersagbarkeit der EZ-Leistungen gefordert.[293]

---

[287] Anm.: Dies ist als wichtiger Schritt zu betrachten, da das Umgehen von Nehmerstrukturen und -prozessen schnell zu einer Schwächung jener und negativen Auswirkungen auf das Nehmerland führen kann Vgl Klingebiel, S. (2013), S. 67
[288] Für die die 5 Grundprinzipien erläuternden Absätze Vgl. OECD German Translation Service (2005), S. 5 ff.; BMZ (2014f); Klingebiel, S. (2013), S. 59
[289] Vgl. BMZ (2009), S. 1
[290] Vgl. BMZ (2014c)
[291] Vgl. OECD (o.J.h)
[292] Vgl. BMZ (2011), S. 4
[293] Vgl. BMZ (2011), S. 4

Zudem wurden Menschenrechte, die Gleichstellung der Geschlechter, Umweltschutz und gute Regierungsführung im Aktionsplan als zentrale Faktoren wirksamer Entwicklungszusammenarbeit verankert.[294]

5.4.2.4 Die Entwicklungspartnerschaft von Busan (2011)

2010 musste mit Gewissheit festgestellt werden, dass der Plan, die Grundprinzipien von Paris bis 2010 komplett umzusetzen, gescheitert war.[295]

Nur zwei der 12 Indikatoren konnten bis 2010 erfüllt werden.[296]

Aus diesem Grund trafen sich Ende 2011 rund 3.000 Teilnehmerinnen und Teilnehmer aus 160 Ländern, unter ihnen auch Staatschefs und Minister, zum vierten HLF in Busan, Südkorea.[297]

Nach Einschätzung des BMZ und der OECD markierte das vierte hochrangige Forum einen Wendepunkt in der internationalen Entwicklungszusammenarbeit,[298;299] da aufgrund der stark gestiegenen Zahl der EZ-Akteure, sowohl im privatwirtschaftlichen und zivilgesellschaftlichen als auch staatlichen Bereich, die Einsicht erwuchs, dass allein das traditionelle Verständnis von EZ im Sinne einer staatlichen Zusammenarbeit zwischen dem reichen globalen Norden und dem armen globalen Süden nicht ausreicht.[300]

Mit der Abschlusserklärung "Busan Partnership for Effective Development Co-operation" wurde deswegen zum ersten Mal unter Einbindung aller relevanten Akteure[301] eine internationale Rahmenvereinbarung für die EZ geschaffen und z.B. Süd-Süd-Kooperationen oder die im Unterkapitel „Formen der deutschen Entwicklungszusammenarbeit" erwähnten Dreieckskooperationen in den Fokus gerückt.[302;303]

---

[294] Vgl. BMZ **(2014c)**
[295] Vgl. OECD **(2012)**, S. 19
[296] Anm.: Siehe Annex 7: „Internationale Entwicklung der Paris-Indikatoren 2005 – 2007 – 2010"
[297] Anm.: Zur Erinnerung: In Paris waren es nur etwa hundert Teilnehmer. Man könnte also durchaus von einer größeren Legitimation durch das Treffen von Busan sprechen.
[298] Vgl. BMZ **(2013j)**
[299] Vgl. OECD **(o.J.h)**
[300] Vgl. BMZ **(2013j)**
[301] Anm.: Nun auch neben den traditionellen Gebern, der Zivilgesellschaft und der Privatwirtschaft mit den neuen Gebern der BRICS-Staaten, die stark an Bedeutung gewonnen hatten und durch ihre starke Kritik an der an Eigeninteressen orientierten EZ der traditionellen Geber eine Reform dieser notwendig machten. Vgl. BMZ **(2013j)**; Morazán, P./Müller, F. **(2014)**, S. 12 ff.
[302] Vgl. OECD **(2011)**, S. 3
[303] Anm.: Für die Indikatoren der Globalen Partnerschaft für eine wirksame Entwicklungszusammenarbeit von Busan, siehe Annex 8.

Vor dem Hintergrund globaler Entwicklungspartnerschaften wurde die Debatte über „Aid Effectiveness" in einem größeren Kontext, der „Development Effectiveness" oder auch nachhaltige Entwicklungswirkungen geführt.[304] Zuvor habe die Debatte um die Wirksamkeit von der EZ die Entwicklungswirkungen auf Länder zu isoliert betrachtet, die EZ müsse stärker in die ebenso Demokratie, Wirtschaftswachstum und ökologische Nachhaltigkeit beeinflussende Gesamtpolitik eines Landes eingebettet werden und die Vielfalt an Kooperationen und möglichen Finanzierungsquellen berücksichtigen.[305]

Infolgedessen ist es wenig verwunderlich, dass neben der erneuten Forderung nach Eigenverantwortung der Partnerländer, Ergebnisorientierung, Transparenz und Rechenschaftspflicht etc. wieder die Bedeutung der Einbindung des Privatsektors als Know-How-Geber und Investor in entwicklungsfördernde Projekte hervorgehoben wurde.[306;307;308]

5.4.3 Deutschlands Umsetzung der Wirksamkeitsagenda

Die herangezogenen Peer Reviews der DAC von 2010 und 2015 geben einigen Aufschluss über Deutschlands Umsetzung der Wirksamkeitsagenda.

Der unter der Erfahrung, dass ein Land nicht „von außen" zu entwickeln sei,[309] gestellten Forderung nach „Ownership"/Eigenverantwortung der Entwicklungsländer, kommt Deutschland mit seinen Handlungen nach Einschätzung des DAC weitreichend nach.[310]

Zudem bekundet Deutschland, etwa die BR in ihrem Afrikakonzept, der Forderung nach der Partnerausrichtung/"Alignment" nachkommen zu wollen.[311;312] Auch der DAC sieht Deutschland gut positioniert für einen soliden Beitrag zu der Wirksamkeitsagenda, da die EZ-

---

[304] Vgl. BMZ **(2011)**, S. 6
[305] Vgl. BMZ **(2011)**, S. 7
[306] Vgl. BMZ **(2013j)**
[307] Vgl. OECD **(2011)**, S. 3
[308] Anm.: Die Einbindung des Privatsektors in Entwicklungsprozesse kann aufgrund seiner steigenden Bedeutung, etwa für Entwicklungsländer Afrikas, wie die im Unterkapitel „Afrika als Chancenkontinent" erwähnte Versechsfachung der Direktinvestitionen zeigt, durchaus Sinn ergeben und wurde von verschiedenen Seiten gefordert. Allerdings wird die Einbindung des Privatsektors auch vehement kritisiert. Einerseits besteht die offensichtliche Problematik, dass Philanthropie gegenüber Renditestreben in den Hintergrund treten kann, z.B. durch Ausbeutung von Rohstoffen, deren Erlöse nur den Firmen und korrupten Eliten des Landes zugutekommen. Zudem bleibt die Frage offen, warum der Privatsektor gerade in die Entwicklungsländer investieren sollte, die durch ihre schwachen Strukturen am Weitesten von den MDGs entfernt sind und neben möglicher Ausbeutung sonst eher unattraktiv für Investitionen sind. Somit könnten die Zugeständnisse an die Privatwirtschaft auf den HLF deutlich zu Lasten der ärmsten und am wenigsten entwickelten Länder gehen. Vgl. Leonhard, R. **(2012)**; Klingebiel, S. **(2013)**, S. 38 f.; Moyo, D. **(2010)**, S. 98 ff.
[309] Vgl. Andersen, U. **(2011)**, S. 7
[310] Vgl. DAC **(2010)**, S. 79
[311] Vgl. Auswärtiges Amt **(2011)**, S. 16
[312] Vgl. Auswärtiges Amt **(2011)**, S. 45

Strategien in Anlehnung an die Merkmale der Partnerländer kontextabhängig erfolgten.[313;314;315]

Allerdings variiere die Nutzung der Ländersysteme je nach Sektor und Modalitäten, weshalb Deutschland seiner Verpflichtung im Rahmen von Paris, Accra und Busan[316] zur standardmäßigen Nutzung dieser noch nicht gerecht werde.[317;318]

Diesbezüglich kann die Wichtigkeit der im Unterkapitel „Formen der deutschen Entwicklungszusammenarbeit" im Rahmen der beschrieben Programmfinanzierung Programmbasierten Ansätze (PBA) hervorgehoben werden,[319] die direkt die Ländersysteme nutzen. Dennoch sind nach Einschätzung der DAC 2010 wie 2015 die Umsetzung Deutschlands in diesem Bereich trotz Fortschritten und großem Engagement besonders im Bereich der TZ noch nicht ausreichend.[320;321;322]

Die EZ-Allokationen des BMZ seien zwar kontextbezogen und auf Armutsreduktion ausgerichtet,[323] die festen Ressourcenallokationen an die Durchführungsorganisationen der TZ und FZ sowie getrennte Haushaltstitel würden das System aber zu unflexibel in Bezug auf die sich ändernden Programmbedürfnisse der jeweiligen Länder machen.[324;325] Ebenfalls bringe die Zersplitterung des institutionellen Systems einen hohen Koordinationsaufwand für das BMZ mit sich.[326;327]

Trotz der institutionellen Trennung der TZ und FZ und der damit einhergehenden mangelnden Flexibilität werden Deutschland gute Fortschritte in der Beseitigung von Parallelstrukturen der Durchführungsorganisationen bescheinigt.[328]

Schon vor 2010 hatte Deutschland das Ziel von Paris erreicht, parallele Projektdurchführungsstellen auf maximal 13 zu begrenzen (gegenüber 41 Stellen in 2007).[329]

---

[313] Vgl. DAC (2015), S. 42
[314] Vgl. DAC (2015), S. 37
[315] Anm.: Dies könnte ein Grund dafür sein, dass die Afrikakonzepte allgemeiner gefasst sind, da die in den Ländern verfolgten EZ-Schwerpunkten vom Einzelfall des Landes abhängen.
[316] Anm.: Siehe Paris-Erklärung Indikator 5b und Busan-Erklärung Indikator 9.
[317] Vgl. DAC (2015), S. 65
[318] Vgl. DAC (2015), S. 19
[319] Anm.: Explizit in der Paris-Erklärung im Indikator 5a festgehalten, implizit auch in der Busan-Erklärung im Indikator 9.
[320] Vgl. DAC (2010), S. 81
[321] Vgl. DAC (2015), S. 99
[322] Vgl. DAC (2015), S. 67
[323] Vgl. DAC (2015), S. 16
[324] Vgl. DAC (2015), S. 36
[325] Vgl. DAC (2015), S. 56
[326] Vgl. DAC (2010), S. 66
[327] Anm.: Siehe Abbildung 1: Das deutsche institutionelle System der Entwicklungszusammenarbeit
[328] Anm.: Siehe Paris-Indikator 6 „Stärkung der Kapazitäten durch Vermeidung paralleler Durchführungsstrukturen".
[329] Vgl. DAC (2010), S. 83

Besonders positiv wird 2015 darüber hinaus die bereits erwähnte[330] Fusionierung der drei Durchführungsorganisationen für TZ zur GIZ in 2011 hervorgehoben.[331] Damit folgte Deutschland der Empfehlung des DAC in 2010.[332]

Allerdings würden die ins Leben gerufenen Sonderinitiativen diese Kohärenz, trotz ihrer Problemrelevanz, durch gesonderte Planungs- und Berichtsanforderungen den Abbau von Parallelstrukturen gefährden.[333;334]

Dem Anspruch der Ausrichtung der ODA-Allokationen an die Prioritäten der Entwicklungsländer wird Deutschland allerdings nicht gerecht.[335]

Bis 2010 hätte der CPA-Anteil an der ODA bei mindestens 85% liegen müssen.[336] Immerhin konnte Deutschland seinen bilateralen CPA-Anteil von 39% in 2008 (der DAC-Durchschnitt lag bei 54%)[337] auf 52% in 2013 verbessern.[338] Dennoch spiegeln sich immer noch weniger als die Hälfte der ODA-Leistungen in den Haushalten wieder.[339] Damit ist Deutschland trotz der ausgewiesenen Nutzung der Partnersysteme in diesem Punkt immer noch weit von dem Ziel für 2010 entfernt.

Neben der Erhöhung der CPA wurde ebenfalls im Sinne der Haushalte der Nehmerländer zudem eine verbesserte Vorhersehbarkeit der ODA-Leistungen in den Abkommen von Paris, Accra und Busan festgelegt.[340]

Deutschlands Haushaltsplanung würde zwar Mehrjahreszusagen entsprechend der langfristigen Ausgabenplanung ermöglichen, das BMZ gebe diese Informationen jedoch nicht systematisch an Partnerländer weiter.[341]

Diesbezüglich sei die zukünftig große Relevanz der sogenannten Länderstrategien des BMZ erwähnt. Diese sind individuell auf die Partnerländer zugeschnitten und decken einen Zeitraum von bis zu sieben Jahren ab. Sie bilden das zentrale Dokument für die Mehrjahresplanung, auch bezüglich der Ressourcenallokation. Mit ihnen könnte die Vorhersehbarkeit der ODA-Leistungen merklich erhöht werden. Allerdings lag zum Zeitpunkt der Überprüfung

---

[330] Anm.: Siehe Abschnitt „Deutsche Gesellschaft für Internationale Zusammenarbeit" des Unterkapitels „Das institutionelle System deutscher Entwicklungszusammenarbeit".
[331] Vgl. BMZ **(2014f)**
[332] Vgl. DAC **(2015)**, S. 98
[333] Vgl. DAC **(2015)**, S. 19
[334] Anm.: Die Kohärenzproblematik der Sonderinitiativen wurde bereits im Unterkapitel „Die Afrika-Konzepte des BMZ" angeschnitten.
[335] Anm.: Siehe Paris-Erklärung Indikator 3 und Busan-Erklärung Indikator 6. Es handelt sich hier um die in den Haushalten der Nehmerländer ausgewiesenen für den Staat ausgewiesenen ODA-Leistungen, also größtenteils um die CPA.
[336] Anm.: Siehe Paris-Erklärung Indikator 3, dieser wurde in der Busan-Erklärung kaum verändert.
[337] Vgl. DAC **(2010)**, S. 60
[338] Vgl. DAC **(2015)**, S. 47
[339] Vgl. DAC **(2015)**, S. 66 f.
[340] Anm.: Siehe Paris-Erklärung Indikator 7 und Busan-Erklärung Indikator 5.
[341] Vgl. DAC **(2015)**, S. 19

2015 nicht einmal die Hälfte der individuellen Länderstrategien vor, weswegen dringend empfohlen wird, die Ausarbeitung jener zu beschleunigen.[342]

Ebenso floss die Thematik der Lieferbindung[343] in den Abkommen in Bezug auf die Partnerausrichtung ein.[344]

Bei der kostenaufwändigen bilateralen deutschen TZ wurde 2008 eine Lieferbindung von 59% festgestellt, gegenüber einem DAC-Durchschnitt von 39%. Insgesamt waren 77% der deutschen bilateralen Zusammenarbeit lieferungebunden, im DAC-Durchschnitt waren es 81%.[345]

Im Einklang mit Accra und Busan konnte sich Deutschland in den Folgejahren aber verbessern, 2013 lag Deutschland mit einem Anteil von 80% lieferungebundener bilateraler ODA im DAC-Durchschnitt und konnte die Lieferbindung für TZ-Leistungen auf 43% senken.[346] Besonders LDCs profitieren von der Aufhebung der deutschen Lieferbindung. So wurden 2012 38% des Auftragsgesamtwertes an Leistungserbringer aus LDCs vergeben (gegenüber einem DAC-Durchschnitt von 5%).[347]

Betrachtet man die Zielindikatoren von Busan genauer, ist die angesprochene Forderung, die EZ nicht mehr isoliert zu betrachten, erkennbar. Die Debatte von Paris über Accra hin zu Busan verschob sich merklich in Richtung einer Maximierung der EZ-Effekte durch eine effektive Einbindung der zivilgesellschaftlichen Organisationen einerseits[348] und durch ein verstärktes Engagements des Privatsektors andererseits.[349]

Bei der Einbindung des Privatsektors wird Deutschland eine Vorreiterrolle zugeschrieben.[350] Die Behörden hätten enge Verbindungen zur deutschen Wirtschaft aufgebaut, um Privatinvestitionen in nachhaltige Entwicklung zu maximieren.

Damit kommt Deutschland seinen Bekundungen im Afrikakonzept nach.[351]

---

[342] Vgl. DAC **(2015)**, S. 66

[343] Anm.: Lieferbindung bedeutet die Bereitstellung von EZ-Geldern unter der Auflage, diese für Waren oder Dienstleistungen im Geberland zu verwenden. Damit steht Lieferbindung klar im Widerspruch zu der Stärkung der Eigenverantwortung und der Partnerausrichtung (wenngleich durch Lieferbindung die ordnungsgemäße Verwendung von ODA sicherlich besser gewährleistet werden könnte). Als Begründung wird beispielsweise die Sicherung von Arbeitsplätzen im Geberland angegeben. Da die Lieferbindung von EZ-Leistungen wegen des fehlenden internationalen Wettbewerbs im Durchschnitt teurer sind und sich qualitativ nachteilig gegenüber internationalen Ausschreibungen auswirken können (die Kosten durch Lieferbindung liegen rund 15 bis 30 %, im Fall von Nahrungsmittelhilfen sogar um rund 40 % über denen ohne Lieferbindung), ist der entsprechende Abbau wichtig für die Entwicklungsländer. Vgl. Klein, M. **(o.J.b)**; Klingebiel, S. (2013), S. 10; Clay, E. J. et al **(2009)**, S. 48

[344] Anm.: Siehe Paris-Erklärung Indikator 8 und Busan-Erklärung Indikator 10.

[345] Vgl. DAC **(2010)**, S. 23

[346] Anm.: Innerhalb der GIZ sind sogar 80% der Leistungen ungebunden. Allerdings arbeiten demgegenüber andere Ministerien deutlich stärker mit Lieferbindungen bei der TZ. Vgl. DAC **(2015)**, S. 18

[347] Vgl. DAC **(2015)**, S. 69

[348] Anm.: Siehe Busan-Erklärung Indikator 2.

[349] Anm.: Siehe Busan-Erklärung Indikator 3.

[350] Vgl. DAC **(2015)**, S. 15

Dass die Einbindung des Privatsektors nicht unbedingt in positive Entwicklungsauswirkungen mündet, wurde bereits erläutert. Auch der DAC ist sich dessen bewusst und empfiehlt Deutschland darauf zu achten, dass eigene Handelsinteressen nicht im Vordergrund bei der Partizipation des deutschen Privatsektors stünden.[352]

Zum dritten Grundprinzip der Pariser Erklärung, der Harmonisierung der Geber untereinander, trage Deutschland ebenfalls in einer Vorreiterrolle als großer Verfechter von Arbeitsteilung bei.[353] Allerdings erweise sich auch hier die institutionelle Fragmentierung als hinderlich für die Harmonisierung mit anderen Ländern.[354;355]

Das vierte Grundprinzip der Paris-Erklärung, „Ergebnisorientiertes Management" um die EZ an Entwicklungsergebnissen auszurichten, ist einer der zentralen Punkte in den heutigen EZ-Debatten.[356]

In der Busan-Erklärung wird damit korrelierend die Forderung nach einer Orientierung der EZ auf „Results"/Ergebnisse als erster Indikator deutlich hervorgehoben.

Dies ist darauf zurückzuführen, dass die EZ bis dato sehr stark anhand ihrer „Inputs" bewertet wurde (z.B. Projektgelder),[357;358] dessen Informationsgehalt, wie in den Unterkapiteln zu dem Finanzvolumen und den MDGs festgestellt wurde, aus zwei Gründen begrenzt ist:

Einerseits ist oftmals unklar oder nicht sichergestellt, dass die angestrebten Ergebnisse erreicht werden (z.B. werden aufgrund der Mehrausgaben im Bildungssektor mehr Schüler ausgebildet?). Andererseits kann nicht festgestellt werden, welchen Anteil die EZ-Leistungen an der Situation haben (wenn Ergebnisse erzielt wurden, inwiefern stehen sie im kausalen Zusammenhang mit der EZ-Aktivität?).[359]

Aus diesen Gründen zielt auch die BR in ihren Afrikakonzepten auf eine stärkere Ergebnisorientierung zur Stärkung der EZ-Wirksamkeit ab.[360]

Es müsse eine fortlaufende Kontrolle der Wirksamkeit und Effizienz der eingesetzten Mittel geben, die Ergebnisorientierung verstärkt und die Zielerreichung messbarer gemacht

---

[351] Vgl. BMZ **(2011)**, S. 13
[352] Vgl. DAC **(2015)**, S. 39 f.
[353] Vgl. DAC **(2015)**, S. 69
[354] Vgl. DAC **(2010)**, S. 85
[355] Vgl. DAC **(2010)**, S. 20
[356] Vgl. Klingebiel, S. **(2011)**, S. 2
[357] Vgl. BMZ **(2011)**, S. 9
[358] Vgl. Klingebiel, S. **(2013)**, S. 47
[359] Vgl. Klingebiel, S. **(2013)**, S. 47 f.
[360] Vgl. BMZ **(2011)**, S. 6

werden.[361] Deshalb werde finanzielle Unterstützung in Zukunft stärker an das Vorliegen von vorab vereinbarten Ergebnissen geknüpft.[362]

Unter diesen Voraussetzungen des „Managing for Development Results" stehen seitdem ergebnisorientiere, sogenannte „Result Based Activities" (RBA) im Mittelpunkt der EZ:

Abbildung 10: RBA-Wirkungskette

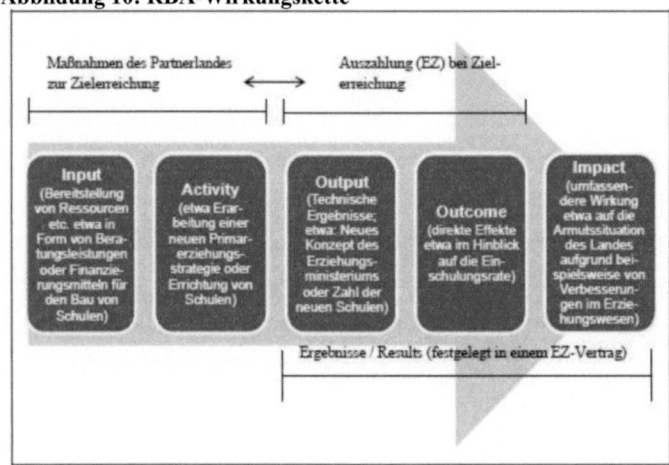

Quelle: Klingebiel, S. 2013, S. 48

RBAs legen ein genau definiertes Ergebnis fest, beispielsweise eine Anzahl von Schülern, die das Schulsystem eines Landes erfolgreich absolvieren. Ein weiterer Anreiz, etwa im Sinne einer Geschlechtergleichstellung, könnte die Vereinbarung von Mehrbeträgen für jede weibliche Absolventin sein. Nur wenn die Ziele erreicht werden, erfolgt eine bereits vorher festgelegte Gegenleistung. Jeder vereinbarte (Teil-) Fortschritt wird zur Schaffung von Leistungsanreizen ex post belohnt.[363]

Zudem wird die Verantwortlichkeit der Partner („Ownership") in den Mittelpunkt gerückt und kann dadurch zu einer Stärkung der Partnersysteme führen.[364]

Dadurch, dass versucht wird, nicht nur die oben beschriebenen Outputs und Outcomes zu messen, sondern auch die Impacts zu evaluieren, kann mithilfe der Ergebnisorientierung die „Zuordnungslücke"[365] besser geschlossen werden.

---

[361] Vgl. Auswärtiges Amt **(2011)**, S. 60
[362] Vgl. BMZ **(2014e)**, S. 11
[363] Vgl. Klingebiel, S. **(2013)**, S. 49
[364] Vgl. Klingebiel, S. **(2013)**, S. 52

Der DAC bescheinigt Deutschlands EZ-Organisationen durch die Verankerung der Ergebnisorientierung in die Aufträge an die Durchführungsorganisationen zwar einen ausreichenden Fokus auf die Outputs,[366] also auf technische Ergebnisse, allerdings liege noch kein umfassendes Konzept für eine systematische Ergebnisorientierung vor.[367;368] Als Folge dessen sei noch nicht ersichtlich, was im allgemeineren Kontext von EZ-Prozessen für Outcomes und Impacts ausschlaggebend sei.[369] Damit sei es Deutschland momentan nicht möglich, „Erfolg" zu definieren und zu messen.[370;371]

Das letzte Grundprinzip der Paris Erklärung zur gegenseitigen Rechenschaftspflicht („Mutual Accountability") findet ebenso Einklang in den in Busan eingegangenen Verpflichtungen, wird aber noch durch die Forderung nach einer transparenten Öffentlichkeitsarbeit verstärkt.[372]

In Bezug auf die Öffentlichkeitsarbeit sei das BMZ trotz der Nutzung verschiedener Kommunikationsinstrumente noch nicht in der Lage, die Berichterstattung über die einzelnen Aktivitäten zu einer Gesamtnarration zusammenzuführen, aus der hervorgehe, wie erfolgreich die Entwicklungszusammenarbeit sei.[373]

Dies ist in Anbetracht der noch ausbaufähigen RBA-Strategie und des eher bescheidenen Informationsgehalts der Afrikakonzepte nicht weiter überraschend.

Zwar versuche Deutschland durch die Einrichtung eines Transparenzportals seiner Rechenschaftslegung gegenüber der Öffentlichkeit nachzukommen, um den Transparenzstandard von Busan umzusetzen, müssten allerdings einerseits detaillierte Informationen und andererseits die Amtssprachen der Entwicklungsländer besser berücksichtigt werden.[374;375]

---

[365] Anm.: Diese Lücke bezeichnet den Bereich, innerhalb dessen keine logischen Wirkungsannahmen möglich sind, die mit Indikatoren exakt zu belegen und unmittelbar auf die EZ-Projekte zurückzuführen sind, da viele andere Einflussfaktoren eine Rolle spielen. Vgl. Kevenhörster, P./ van den Boom, D. **(2009)**, S. 68

[366] Vgl. DAC **(2015)**, S. 67

[367] Vgl. DAC **(2015)**, S. 77

[368] Anm.: Dies war ebenfalls bei den Afrika-Konzepten zu betrachten. Wenn überhaupt, wurde (siehe Unterkapitel „Die Afrika-Konzepte des BMZ"), ein technisches Ergebnis wie der Aufbau von 12 „grünen Innovationszentren" als EZ-Ziel ausgegeben, nicht aber geplante direkte Effekte auf die nutznießende Bevölkerungsgruppe (Output) oder umfassende Wirkung auf das Empfängerland (Impact). Zumindest konzeptuell kommt das BMZ damit der von der BR bekräftigten stärkeren Ergebnisorientierung nicht nach.

[369] Vgl. DAC **(2015)**, S. 20

[370] Vgl. DAC **(2015)**, S. 78

[371] Anm.: Allerdings arbeiten KfW und GIZ mit „Wirkungsmatrizen" auf Länderebene, die eben diese Erfolgsmessung zu gewährleisten versuchen. Gemäß den Vereinbarungen von Busan stützen sie ihren Ergebnisrahmen auf Indikatoren und Daten der Partnerländer. Damit bieten sie eine vernünftige Grundlage für aussagekräftige Analysen von den Aktivitäten hin zu den Wirkungen. Sie könnten als Vorlage dienen, um in Zukunft den Beitrag deutscher EZ zu den Entwicklungsanstrengungen der Partner zu messen. Vgl. DAC **(2015)**, S. 20

[372] Anm.: Siehe Busan-Erklärung Indikator 7 und Indikator 4.

[373] Vgl. DAC **(2015)**, S. 20

[374] Vgl. DAC **(2015)**, S. 20

[375] Vgl. DAC **(2015)**, S. 82

Bezüglich der gegenseitigen Rechenschaftslegung wirke Deutschland aktiv auf eine Stärkung der Evaluierungskapazitäten seiner Kooperationspartner hin. Die meisten Programme der GIZ etwa enthielten ein Modul zur Stärkung der Evaluierungssysteme. Zudem arbeite das BMZ bei der Evaluierung eng mit seinen Partnern zusammen.[376]

Allerdings muss an dieser Stelle betont werden, dass die EZ-Evaluierungssysteme Deutschlands in keinem Fall unabhängig sind. Das in Abbildung 1 zu erkennende DEval[377] untersteht in Bezug auf Budget, Verfahren und der Kontrolle dem BMZ. Außerdem muss das mehrjährige Evaluierungsprogramm des DEval vom BMZ genehmigt werden, dem es auch obliegt, die Evaluierungsberichte dem Parlament zu unterbreiten.[378]

EZ-Kritiker vergleichen in diesem Zusammenhang die selbst in Auftrag gegebenen, eigenhändig finanzierten und mit Ziel- und Kostenrahmen ausgestatteten durch selbst ausgewählte Experten durchgeführte Evaluierungen polemisch mit Schülern, die sich selbst eine Note geben[379] und fordern den Aufbau unabhängiger Strukturen.[380]

Des Weiteren kam der DAC 2010 zum Schluss, dass die personelle und finanzielle Ausstattung für Evaluierungen im BMZ völlig unzureichend sei.[381] Laut dem EZ-Kritiker Seitz seien in diesem Zeitraum nur 0,03 Prozent des EZ-Gesamtbudgets in die Qualitätsprüfung geflossen.[382] 2015 kommt der DAC zu dem Schluss, dass das Vorhandensein von ausreichenden Ressourcen zur Verbesserung von Evaluierung und Ergebnisberichterstattung sowie eines unabhängigen Evaluierungsinstituts noch nicht komplett umgesetzt worden sei.

5.4.4   Fazit

Auf internationaler Ebene scheint Deutschland im Rahmen der Wirksamkeitsagenden in Bezug auf die Stärkung der Eigenverantwortung der Partnerländer, der Geberharmonisierung sowie bei gegenseitigen Evaluierungen gut aufgestellt.

Auf nationaler Ebene zeigen die Afrika-Konzepte wie die Bewertung des DAC aber auf, dass eine klar „Erfolg" definierende Ergebnisorientierung bei der EZ genauso wenig vorliegt wie eine Berichterstattung, die eine Gesamtnarration der EZ-Handlungen bieten kann. Somit

---

[376] Vgl. DAC **(2015)**, S. 80
[377] Anm.: Das 2012 ins Leben gerufene Deutsche Evaluierungsinstitut (DEval) soll die Wirkung deutscher EZ evaluieren und messen. Der gemeinnützigen GmbH ist der BR als alleinige Gesellschafterin unterstellt, vertreten vom BMZ. Vgl. DAC **(2015)**, S. 79; BMZ **(2015k)**
[378] Vgl. DAC **(2015)**, S. 80
[379] Vgl. Wolff, J. H. **(2011)**, S. 41 f.
[380] Vgl. Seitz, V. **(2011)**, S. 182 f.
[381] Vgl. DAC **(2010)**, S. 74
[382] Vgl. Seitz, V. **(2011)**, S. 215

scheinen Beurteilungen, wie „erfolgreich" deutsche EZ mit Afrika war oder (sein soll) und damit, wie effektiv die Probleme angegangen werden, momentan nicht möglich.

Hinzukommend scheint besonders Nachholbedarf bei dem Aufbau von individuellen Länder-strategien, eines finanziell gut ausgestatteten und unabhängigen Evaluierungsinstituts zu herrschen, aber auch trotz guter Fortschritte beim weiteren Abbau von Lieferbindung, institutionellen Parallelstrukturen und nicht für die Länder programmierbare ODA-Leistungen. Gerade in Bezug auf die CPA hat Afrika, wie beim Finanzvolumenindikator festgestellt, momentan einen deutlichen Nachteil gegenüber Asien, eine rasche CPA-Erhöhung wäre aus Sicht der afrikanischen Kooperationspartner sicherlich wünschenswert. Ob gerade die bekundete Vorreiterrolle Deutschlands bei der Einbindung des (deutschen) Privatsektors, die auch in den Afrikakonzepten forciert wurde, allgemein positiv aufzufassen ist, bleibt fraglich, führt aber zu einer Umsetzung im Sinne der Wirksamkeitsagenden.

5.5 ODA-Allokationen nach Entwicklungsgrad

5.5.1 Einleitung

Ein besonders für Afrika wichtiges Signal ist Deutschlands auf politischer Ebene bekundeter Wille, seine EZ-Anstrengungen besonders auf die ärmsten Länder zu konzentrieren.[383]

Denn von den momentan 48 anfangs im Abschnitt „Entwicklungsland" erwähnten LDCs befinden sich 34 in Afrika.[384;385] Diese 34 afrikanischen LDCs machen weniger als 1% des globalen Welthandels aus, sind abhängig von wenigen Primärgütern und stark gefährdet durch ökonomische/soziale Schocks, was sie auf ODA-Unterstützung anweist.[386;387]

Nicht nur die Gesamtausgaben für ODA nach Kontinenten sind entscheidend, ebenso wichtig ist eine adäquate Verteilung der EZ-Ressourcen. Naiv betrachtet müsste EZ generell den Anspruch haben, primär den ärmsten Ländern zu „helfen", da jene eine Unterstützung aus rein wirtschaftlichen Gesichtspunkten bei ihrer Eigenanstrengung zur Entwicklung am Nötigsten hätten.

Nicht umsonst wollte die UN mit Einführung der LDC-Gruppierung eine Fokussierung der internationalen EZ-Leistungen auf die der Liste angehörigen Länder bewirken.[388]

---

[383] Vgl. DAC (2015), S. 17
[384] Vgl. United Nations OHRLLS (2016)
[385] Anm.: Für eine Weltkarte mit den 48 LDCs siehe Annex 9.
[386] Vgl. United Nataions Economic Commission for Africa (2015), S. 54
[387] Vgl. Klingebiel, S. (2012), S. 2
[388] Vgl. United Nations OHRLLS (2016)

Um die deutsche Anstrengung zur Entwicklung der afrikanischen LDCs beurteilen zu können, soll zuerst analysiert werden, wie genau es sich mit dem deutschen Entwicklungsgeldern an LDCs im Allgemeinen verhält, bevor die deutsche Unterstützung spezifisch der afrikanischen Länder untersucht wird.

5.5.2 Das deutsche Engagement in den am wenigsten entwickelten Ländern

Es ist zwar aufgrund der lückenhaften Informationslage bezüglich der ODA-Allokationen nach den vier Einkommensgruppen[389] schwierig, eine umfassende Analyse zu erstellen, allgemein lässt sich unter Betrachtung der verfügbaren ODA-Ströme allerdings kein Fokus Deutschlands auf die LDCs feststellen. Immerhin wurden alle 2014 gültigen LDCs mit deutscher ODA unterstützt.[390]

Vielen Jahren zuvor hatte Deutschland sich im Rahmen der UN verpflichtet, mindestens 0,15 % seines BNE als ODA den LDCs zukommen zu lassen.[391;392] In Anbetracht der rigorosen Verfehlung des 0,7%-Gesamtziels ist es nicht weiter verwunderlich, dass auch diesem Versprechen nicht nachgekommen wird mit einer ODA-Quote von 0,09 % in 2013 und 0,10% in 2014.[393]

Ob Deutschland diesen Verpflichtungen, oder wie im EU-Kontext vereinbart, sogar 0,2% des BNE als ODA für die LDCs bereitzustellen,[394] in den nächsten Jahren nachkommen wird, bleibt fraglich, wie Abbildung 11 verdeutlicht:

Abbildung 11: Anteil der LDC an gesamter Netto-ODA 2010-2014 (relativ und absolut in Mio. €)

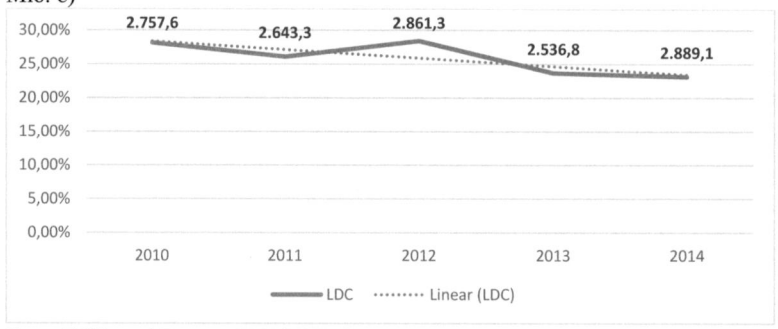

Eigene Abbildung mit Daten von BMZ (2016a), S. 1

---

[389] Anm.: Siehe Unterkapitel „Entwicklungsland"
[390] Vgl. BMZ **(2016a),** S. 1
[391] Vgl. United Nations **(2001)**
[392] Vgl. Alonso, J. **(2015),** S. 4
[393] Vgl. BMZ **(2016a),** S. 1
[394] Vgl. DAC **(2015),** S. 17

Der Trend der LDC-Unterstützung scheint rückläufig zu sein. Insgesamt erhielten die LDCs weniger als ein Viertel der gesamten deutschen ODA in den Jahren 2013 und 2014. Eine gleichberechtigte Länderbehandlung aller LDCs im Kontext der anderen Empfängerländer Deutschlands hätte 2014 mindestens einen ODA-Anteil von 36,36% vorausgesetzt.[395]

Die Betrachtung ausschließlich der bilateralen Netto-ODA-Ströme bestätigt das in Abbildung 11 aufgezeigte Negativwachstum. 2013 kamen nur 27% der aufteilbaren bilateralen ODA den LDCs sowie sonstigen Ländern der unteren Einkommensgruppe zugute, während 73% an Länder der mittleren Einkommensgruppe gingen. Ein Jahr zuvor kamen LDC und sonstige LIC zusammen immerhin noch auf 38%:

Abbildung 12: Aufschlüsselbare bilaterale Brutto-ODA nach Einkommensgruppen 2010-2013 (relativ und in Mio. US$ zu konstanten Preisen von 2012)

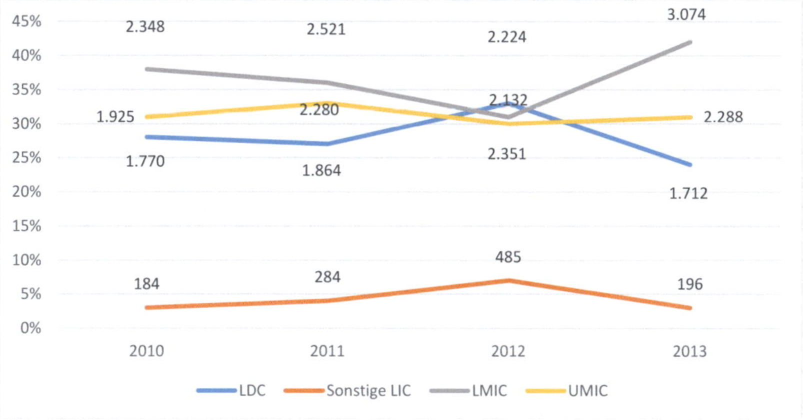

Eigene Abbildung mit Daten von AC 2015, S. 103

Bekamen alle 48 LDCs zusammen in 2014 1.712 Mio. € an bilateraler Brutto-ODA, erhielten im selben Zeitraum allein China, Indien und Brasilien, allesamt Schwellenländer und selber ODA-Geber,[396] zusammen schon alleine fast 1.500 Mio. € bilaterale Brutto-ODA Beiträge von Deutschland.[397] Diese drei Länder befinden sich damit unter den Top-5 bilateralen Zahlungsempfängern, während kein einziges afrikanisches LDC unter den Top-20 zu finden ist. Diese Top-20 erhalten alleine schon 60% der gesamten Netto ODA.

---

[395] Anm.: Anzahl der von Deutschland unterstützten LDCs (48) durch die Anzahl aller von Deutschland unterstützten Entwicklungsländer (132) 2014, auch wenn dies natürlich wichtige Größen wie Bevölkerungszahl, BIP etc. vernachlässigt. Vgl. BMZ **(2016d)**, S. 1
[396] Vgl. Morazán, P./Müller, F. **(2014)**, S. 18 ff.
[397] Vgl. BMZ **(2016d)**, S.1

Anspruch und Wirklichkeit deutscher EZ scheinen erneut auseinander zu klaffen, der Fokus Deutschlands auf die ärmsten Länder ist zu Gunsten von „reichen" UMICs, wie Teilen der BRICS-Staaten, nicht gegeben.

5.5.3 Der deutsche Beitrag zu afrikanischen LDCs

Wie in der Einleitung beschrieben, sind die afrikanischen LDCs sehr von ODA-Zahlungen abhängig, die Feststellungen des vorherigen Unterpunktes lassen allerdings vermuten, dass der deutsche Beitrag eher begrenzt ausfällt.

Das BMZ ist mit seinen Durchführungsorganisationen nur in 20 der 34 afrikanischen LDCs aktiv.[398] Dennoch werden entgegen der Fokussierung des BMZ und seinen Durchführungsorganisationen, alle afrikanischen LDCs mit deutscher ODA unterstützt.[399]

Insgesamt erhielten die 34 afrikanischen LDCs 2014 somit 1,72 Mrd. € bi- und multilateraler Netto-ODA von deutscher Seite.[400]

Das sind lediglich 13,77% von der gesamten ODA und eine ODA-Quote von 0,056%, obwohl mehr als 25% der von Deutschland unterstützten Entwicklungsländer afrikanische LDCs sind und sie sogar 40% aller Kooperationsländer des BMZ ausmachen.

Nicht nur China, auch Syrien und die Türkei als Angehörige der 10 größten bilateralen Empfängerländer zählen nicht einmal zu den 50 Kooperationsländern des BMZ.[401] Dennoch erhalten China und die Türkei zusammen mit Indien und Brasilien mehr deutsche ODA als alle afrikanischen LDCs.[402]

So kommt auch der DAC 2015 zu dem Schluss, dass Deutschlands auf politischer Ebene bekundete Verpflichtung, seine EZ-Bemühungen auf die ärmsten Länder zu fokussieren, bei der ODA-Allokation nur teilweise zum Ausdruck komme.[403]

5.5.4 Fazit

Wie ebenfalls beim ersten Indikator bezüglich des allgemeinen Finanzvolumens für Afrika festgestellt, divergieren die politischen Bekundungen und eingegangen internationalen

---

[398] Anm.: Burkina Faso, Benin, Guinea, Demokratische Republik Kongo, Liberia, Madagaskar, Mali, Malawi, Mauretanien, Mosambik, Niger, Ruanda, Senegal, Sierra Leone, Süd-Sudan, Tansania, Togo, Äthiopien, Burundi und Uganda. Vgl. BMZ **(2014e)**, S. 3
[399] Anm.: Dies ließe sich vermutlich damit erklären, dass etwa die nichtstaatlichen Träger auch in den LDCs aktiv sind, mit denen keine EZ-Kooperationen von staatlicher Seite aus herrschen.
[400] Vgl. BMZ **(2016a)**, S. 1
[401] Vgl. DAC **(2015)**, S. 47
[402] Vgl. BMZ **(2016b)**, S. 2 ff.
[403] Vgl. DAC **(2015)**, S. 17

Verpflichtungen in Bezug auf die ärmsten Länder Afrikas ebenfalls stark von den tatsächlichen ODA-Strömen.

Das kann, neben der offensichtlichen staatlichen Unterbudgetierung von EZ, mehrere Gründe haben:

Entgegen der allgemeinen Annahme ist Armut, deren Bekämpfung immerhin als oberstes Ziel der EZ gilt, kein auf die ärmsten Länder begrenztes Phänomen, sondern vor allem ein Problem der Mitteleinkommensländer, also der LMIC und UMIC. Während 2007/2008 72 % der Armen in MICs lebten, belief sich dieser Anteil 20 Jahre zuvor auf nur 7 %.[404] Etwa ein Drittel aller von extremer Armut betroffenen Menschen leben momentan in Indien, über 820 Millionen Menschen.[405] Damit leben mehr extrem arme Menschen in Indien als in allen afrikanischen Ländern zusammen.

Aus dieser Perspektive betrachtet könnte der Umstand, dass Indien 2014 mit fast 600 Mio. € bilateraler Brutto-ODA-Unterstützung von deutscher Seite mehr als acht Mal so viel wie der größte Zahlungsempfänger afrikanischer LDCs (Demokratische Republik Kongo) im selben Zeitraum bekam, Erklärung finden.[406]

Ein weiterer Erklärungsansatz könnte sein, dass die im vorherigen Unterkapitel behandelte Debatte um eine möglichst wirksame, messbare EZ sowie RBA-Ansätze zu einer Konzentration auf sogenannte „good performers" geführt hat.[407]

Das BMZ etwa nutzt einen „Kriterienkatalog" zur Überprüfung der Entwicklungsorientierung der Partnerländer, um zu entscheiden, ob und in welcher Form es in eine EZ mit diesen Ländern eintreten will. Betont werden hier unter anderem Achtung, Schutz und Gewährleistung aller Menschenrechte sowie Demokratie, Rechtsstaatlichkeit und die Leistungsfähigkeit und Transparenz des Staates.[408]

Viele LDCs sind aufgrund ihrer schwachen Strukturen (Korruption, Bürgerkriege, schlechte Regierungsführung etc.) oft nicht in der Lage, einen möglichst wirksamen Einsatz von EZ oder Rechtsstaatlichkeit garantieren zu können.[409]

Damit bemüht sich das BMZ zwar im Rahmen der Wirksamkeitsagenda, eine messbare und wirksame EZ zu gestalten, dies geschieht allerdings zum eindeutigen Nachteil der LDCs.

---

[404] Vgl. Klingebiel, S. **(2013)**, S. 33 f.
[405] Vgl. Caritas International **(2013)**
[406] Vgl. BMZ **(2016d)**, S. 1
[407] Anm.: RBA-Ansätze setzen z.B. „gute Regierungsführung", gewisse Kapazitäten zur Zielerreichung und ein solides öffentliches Finanzmanagementsystem von Seiten der Partner voraus, da sie z.B. für die Datenerhebung der RBA-Indikatoren zuständig sind. Vgl. Klingebiel, S. **(2013)**, S. 47 ff.
[408] Vgl. DAC **(2015)**, S. 36 f.
[409] Vgl. Klingebiel, S. **(2013)**, S. 32

Prägnant formulierte der DAC 2010 deshalb: „Die Auswahl- und Allokationsverfahren des BMZ führen dazu, dass sich die deutschen bilateralen ODA-Leistungen (dem Volumen nach) vorwiegend auf große, demokratische und relativ gut geführte Länder der mittleren Einkommensgruppe mit vielen armen Einwohnern konzentrieren."[410]

Erinnern wir uns an die im Unterkapitel „Formen der deutschen Entwicklungszusammenarbeit" getroffen Aussage, dass das wichtigste Mittel der bilateralen EZ Deutschlands, die FZ, immer als Zuschuss für LDCs gewährt wird und verbinden sie mit der im Abschnitt „KfW-Entwicklungsbank"[411] gegeben Information, dass die KfW als Hauptträger der FZ einen Großteil ihrer ODA-Leistungen durch eine Mischform von Marktmitteln und Zuschusselementen (für die LDCs also nicht in Frage kommen) darbringt, findet sich ein weiterer Erklärungsansatz.

Diese Mischfinanzierung richtet sich aufgrund ihrer geringeren Konzessionalität nur an einkommensstärkere Länder wie den Schwellenländern, da für LDCs die Tilgungsraten nicht tragbar wären.[412;413]

Diese Formen der Entwicklungsfinanzierung, die die Schuldentragfähigkeit der Länder berücksichtigen,[414] werden vom DAC zwar als innovativ gelobt,[415] seien aber der Grund dafür, dass der auf die LDC entfallende ODA-Anteil so gering im Vergleich zu den Entwicklungsländern mit mittlerem Einkommen sei und führe damit zu den offensichtlichen Diskrepanzen zwischen politischer Absicht und tatsächlichem Ausgabeverhalten.[416]

---

[410] Vgl. DAC **(2010)**, S. 58
[411] Anm.: Sie Unterkapitel „Das institutionelle System deutscher Entwicklungszusammenarbeit"
[412] Vgl. Freund, M. **(2012)**
[413] Vgl. DAC **(2015)**, S. 48
[414] Vgl. BMZ **(2013d)**
[415] Vgl. DAC **(2015)**, S. 30
[416] Vgl. DAC **(2015)**, S. 47

6. Schlussfolgerungen

Die Auseinandersetzung mit den Analyseindikatoren zeigt, wie schwierig eine objektive Beurteilung deutscher EZ mit Afrika ist.

In der Tat liegt heutzutage nach über 60 Jahren Entwicklungszusammenarbeit kein allgemein anerkannter Wirkungsnachweis zum positiven Beitrag von EZ auf wirtschaftliches Wachstum vor.[417]

Einige Kritiker behaupten sogar, dass die Existenz von EZ den afrikanischen Kontinent ärmer gemacht hätte und sehen eine Korrelation zwischen Armut und EZ-Leistungen.[418;419]

Dementsprechend wird sogar eine sofortige Einstellung von EZ mit Afrika gefordert, um die dortigen Verhältnisse zu bessern.[420;421]

Diese Kritik an der EZ beruht auf bis heute nicht zu widerlegenden Problematiken, die bei ausschließlicher Betrachtung von EZ-Wirkungen auf der Mikroebene unter Vernachlässigung der makroökonomischen Auswirkungen (Impacts) von EZ-Geldern auf ein Land nicht sichtbar werden. Der zehnte und letzte Annex bietet dem interessierten Leser/der interessierten Leserin von daher eine Zusammenfassung der größten Kritikpunkte, die bis zum Zeitpunkt ihrer Widerlegung einen positiven Effekt von deutscher EZ für Afrika in Frage stellen.

Dennoch, vom Finanzvolumen her ist Deutschland einer der wichtigsten weltweiten ODA-Geber für Afrika als Kontinent, auch wenn Deutschlands relative ODA-Quote eher durchschnittlich im DAC-Gefüge ist.

Inwiefern die eingesetzten EZ-Gelder einen positiven Effekt auf die Bewältigung der beschriebenen vielfältigen und tiefgreifenden Herausforderungen des afrikanischen Kontinents haben, lässt sich demgegenüber nicht beurteilen.

Besonders die Afrika-Konzepte der Bundesregierung lassen ein angemessenes Verständnis von den in Afrika zu bewältigenden Aufgaben erahnen, geben jedoch zu wenig konkretisierte Lösungsansätze durch die gesetzten Handlungsfelder. Das BMZ hat es bedauerlicherweise verpasst, einen greifbaren und ergebnisorientierten Aktionsrahmen nach der Vorlage der Konzepte der Bundesregierung zu erstellen und angemessen über seine EZ-Pläne und -Ergebnisse zu berichten.

---

[417] Vgl. Klingebiel, S. **(2013),** S. 58
[418] Vgl. Ferguson, N., Vorwort in Moyo, D. **(2010),** S. x
[419] Vgl. Moyo, D. **(2010),** S. 46
[420] Vgl. Seitz, V. **(2011),** S. 53
[421] Vgl. Moyo, D. **(2010),** S. 36

Die Prüfung der erfolgten sektoralen ODA-Allokationen im Rahmen der Millenniumsziele versucht das zu kompensieren, hat aber durch die objektiv kaum zu ermessenden unterschiedlichen Einflussfaktoren auf die Zielerreichung der MDGs und interdependenten Querschnittsthemen wie den Aufbau guter Regierungsstrukturen und Finanzsysteme nur eine bedingte Aussagekraft. Bei den direkt auf die MDGs zu beziehenden Sektoren scheint Asien jedoch den Schwerpunkt deutscher Bemühungen zu bilden.

Bei der Umsetzung der internationalen Wirksamkeitsagenden hat das deutsche EZ-System in den letzten Jahren offensichtlich große Anstrengungen unternommen und scheint in die „richtige" Richtung zu gehen.

Allerdings scheint die Debatte um eine wirksame EZ zu einem kritischen Zielkonflikt zwischen Ergebnisorientierung und der Unterstützung der am wenigsten entwickelten Länder zu führen. Deswegen muss geprüft werden, wie Deutschland seine Ergebnisplanung und Berichterstattung ausbauen und standardisieren kann und trotzdem angemessen die Bedürfnisse der Länder mit schwachen Strukturen berücksichtigt.

Zudem ist der EZ-Nutzen für die ärmeren Entwicklungsländer fraglich, den die auf den hochrangigen Foren geforderte Integration der deutschen Privatwirtschaft in EZ-Prozesse mit sich bringen soll. Offen bleibt, ob Deutschland bei der Einbindung der Wirtschaft ausreichend streng darauf achtet, dass die Interessen der Partnerländer und nicht die eigenen Handelsinteressen im Vordergrund stehen.

Deshalb muss neben einer verbesserten Ergebnisorientierung für interne und öffentliche Berichterstattung ein finanziell gut ausgestattetes und unabhängiges Evaluierungsinstitut eingerichtet werden, das kritisch die möglichen deutschen Interessenkonflikte für eine primär auf die Bedürfnisse der Nehmerländer ausgerichtete EZ darlegt.

Um seinen internationalen Verpflichtungen nachzukommen, muss Deutschland zudem sein ODA-Volumen deutlich erhöhen. Dabei sollte darauf geachtet werden, dass die EZ-Instrumente und Allokationskriterien nicht zu der jetzigen Diskrepanz zwischen politischer Absichtsbekundung und tatsächlichem Ausgabeverhalten führen. Um der Schwerpunktsetzung der deutschen EZ auf Afrika im vollen Umfang gerecht zu werden, muss neben der Erhöhung der ODA-Allokationen im Allgemeinen die bilaterale Zusammenarbeit gestärkt und für die Eigenverantwortung der afrikanischen Partner der Anteil der programmierbaren Unterstützung deutlich angehoben werden.

Des Weiteren könnte ein starker Einsatz Deutschlands auf multilaterale Ebene zur Beseitigung eines der größten Probleme, der Kapitalflucht, zu einer besseren afrikainternen Kapitalbindung führen.

In welche Richtung sich die deutsche EZ mit Afrika in mittelfristiger Zukunft bewegen wird, ist schwierig zu schlussfolgern. Es bleibt zu hoffen, dass Deutschland seine positiven Trends bei der Erhöhung des ODA-Volumens bei gleichzeitiger Verbesserung der Wirksamkeit fortsetzt, allerdings unter verstärkter Berücksichtigung Afrikas und seiner LDCs.

Optimistisch stimmt die Verabschiedung der bis 2030 zu erreichenden „Sustainable Development Goals" (SDGs), die 2016 die MDGs ablösten und nun endlich Nachhaltigkeit und Armutsbekämpfung zur sozialen, ökonomischen und ökologischen Entwicklung verknüpfen.[422]

Diese böten dem BMZ die Chance, sich als Ministerium für internationale Zusammenarbeit und globale Nachhaltigkeit zu positionieren und im Umsetzungsprozess der SDGs eine zentrale Koordinierungsrolle zu übernehmen.[423] Mit der einhergehenden politischen Aufwertung könnte die EZ an sich mehr in den Fokus deutscher Politik gerückt und damit auch die Bedürfnisse Afrikas besser befriedigt werden.

Schlussendlich möchte ich diese Thesis mit einigen persönlichen Worten abschließen: So entmutigend die erfolgte Auseinandersetzung mit deutscher EZ mit Afrika auch erscheinen mag, da EZ-Analysen auf dieser Abstraktionsstufe zusammen mit dem eingeschränkten Rahmen der Arbeit momentan nur wenig greifbare Urteile zulassen, weiß ich aufgrund meiner persönlichen Erfahrungen, was für einen herausragenden und langfristigen Mikroebenen-Effekt wenige EZ-Euro im zweistelligen Bereich auf die Armutssituation ganzer Familien haben können.

Aus diesem Grund sollte nicht verzagt, sondern weiter mit Elan an einer Verbesserung der EZ auf allen Ebenen gearbeitet werden.

---

[422] Vgl. BMZ **(2015c)**
[423] Vgl. Martens, J. **(2015)**, S. 29

Anhang

Annex 1: Weiterführende Erläuterungen zum Begriff „Entwicklung"

Seitdem Entwicklungszusammenarbeit existiert, wurden mit ihr auch Vorstellungen von „Entwicklung" transportiert.[424]

Die Problematik des Begriffes ergibt sich durch seine Normativität, da ihm ein subjektives und nicht statisches Ziel inne liegt. Dementsprechend lassen sich nur schwierig griffige Definitionen finden. Befasst man sich also mit deutscher Entwicklungszusammenarbeit, muss zuerst Klarheit herrschen, in welche (nach deutschem Verständnis) gewünschte Richtung sich ein Land politisch, gesellschaftlich und wirtschaftlich wandeln soll und auf welchen theoretischen Annahmen die Ursachen von „Unterentwicklung" und deren Ablaufmuster hin zu einer sozioökonomischen Transformation beruhen.[425]

Der von Karl Marx geäußerte Satz „Das industriell entwickeltere Land zeigt dem minder entwickelten nur das Bild der eigenen Zukunft"[426] scheint nach wie vor seine Gültigkeit in Bezug auf den Glauben der Vertreter deutscher Entwicklungszusammenarbeit zu haben, also dass zum einen nachholende Entwicklung möglich sei unter der Prämisse, dass sowohl Ausgangspunkt und das bewegliche Ziel von unter- und entwickelten Staaten identisch,[427] als dass auch die Entwicklung in die eine „unsere" Richtung erstrebenswert sei. Ob dies tatsächlich der Fall ist, auch wenn berechtigte Zweifel an diesem Umstand geäußert werden,[428] kann aufgrund der Komplexität im Rahmen dieser Thesis nicht erörtert werden.

Wurde 1951 im ersten Bericht der Vereinten Nationen (VN) Entwicklung deterministisch noch alleinig mit wirtschaftlichem Wachstum gleichgesetzt, so wurde der Begriff in den 1960ern nach Ausbleiben sozialen Entwicklungsfortschritten erweitert durch die Einsicht, dass auch eine politische, gesellschaftliche und administrative Modernisierung sowie eine gerechtere Einkommensverteilung eine Schlüsselrolle spielen.

Schließlich trat ab den 1980er Jahren der heute noch zentrale Entwicklungsbegriff der "nachhaltigen Entwicklung", hervor, die die Bedürfnisse der in der Gegenwart lebenden

---

[424] Vgl. Nuscheler, F. (2004), S. 226
[425] Vgl. Kevenhörster, P./ van den Boom, D. (2009), S. 19
[426] Marx, K. (1961), S. 6
[427] Vgl. Wolff, J. H. (2011), S. 25 ff.
[428] Vgl. Wolff, J. H. (2011), S. 31

Individuen befriedigt, ohne die Bedürfnisbefriedigung der zukünftigen Generationen zu gefährden.[429]

Die "Bereitstellung aller für ein menschenwürdiges Leben erforderlichen Güter"[430] ist bis heute zwar ein zentraler Punkt von Entwicklung, aber die Erkenntnis setzte sich durch, dass ein Entwicklungsparadigma, das die Grenzen der natürlichen Umwelt nicht reflektiert, grundlegende Rahmenbedingungen vernachlässigt.[431]

Für Armutsreduzierung sind Wirtschaftswachstum und soziale Sicherheitssysteme unabdingbar. Dies ist allerdings mit gesteigertem Ressourcenverbrauch verbunden.[432]

Unter diesen Eindrücken und Problemen, die nicht vor nationalen Grenzen halt machen,[433] versteht Deutschland heutzutage Entwicklung als „globale Strukturpolitik" und zielt darauf ab, die Globalisierung gerecht und nachhaltig für alle Menschen zu gestalten.[434]

Jedoch sollte der/die Leser/in im Hinterkopf behalten, dass die Analyse der Entwicklungszusammenarbeit Deutschlands mit Afrika allein aus dem Grund nur unzureichende objektiven Aussagen treffen kann, da sie auf Grundlage einer normativen Ideologie von „Entwicklung" geschieht.

---

[429] Vgl. Kevenhörster, P./ van den Boom, D. **(2009),** S. 19 ff.
[430] Wolff, J. H. **(2011),** S. 30
[431] Vgl. Klingebiel, S. **(2013),** S. 34
[432] Vgl. Klingebiel, S. **(2013),** S. 20 f.
[433] Anm.: Etwa Klimawandel, Ressourcenknappheit oder Terrorismus
[434] Vgl. DAC **(2015),** S. 11

Annex 2: DAC-Liste 2014-2016 der Entwicklungsländer nach vier Kategorien

Least Developed Countries	Other Low Income Countries (per capita GNI <= $1 045 in 2013)	Lower Middle Income Countries and Territories (per capita GNI $1 046-$4 125 in 2013)	Upper Middle Income Countries and Territories (per capita GNI $4 126-$12 745 in 2013)
Afghanistan	Democratic People's Republic of Korea	Armenia	Albania
Angola	Kenya	Bolivia	Algeria
Bangladesh	Tajikistan	Cabo Verde	Antigua and Barbuda[2]
Benin	Zimbabwe	Cameroon	Argentina
Bhutan		Congo	Azerbaijan
Burkina Faso		Côte d'Ivoire	Belarus
Burundi		Egypt	Belize
Cambodia		El Salvador	Bosnia and Herzegovina
Central African Republic		Georgia	Botswana
Chad		Ghana	Brazil
Comoros		Guatemala	Chile[2]
Democratic Republic of the Congo		Guyana	China (People's Republic of)
Djibouti		Honduras	Colombia
Equatorial Guinea[1]		India	Cook Islands
Eritrea		Indonesia	Costa Rica
Ethiopia		Kosovo	Cuba
Gambia		Kyrgyzstan	Dominica
Guinea		Micronesia	Dominican Republic
Guinea-Bissau		Moldova	Ecuador
Haiti		Mongolia	Fiji
Kiribati		Morocco	Former Yugoslav Republic of Macedonia
Lao People's Democratic Republic		Nicaragua	Gabon
Lesotho		Nigeria	Grenada
Liberia		Pakistan	Iran
Madagascar		Papua New Guinea	Iraq
Malawi		Paraguay	Jamaica
Mali		Philippines	Jordan
Mauritania		Samoa	Kazakhstan
Mozambique		Sri Lanka	Lebanon
Myanmar		Swaziland	Libya
Nepal		Syrian Arab Republic	Malaysia
Niger		Tokelau	Maldives
Rwanda		Ukraine	Marshall Islands
Sao Tome and Principe		Uzbekistan	Mauritius
Senegal		Viet Nam	Mexico
Sierra Leone		West Bank and Gaza Strip	Montenegro
Solomon Islands			Montserrat
Somalia			Namibia
South Sudan			Nauru
Sudan			Niue
Tanzania			Palau
Timor-Leste			Panama
Togo			Peru
Tuvalu			Saint Helena
Uganda			Saint Lucia
Vanuatu[1]			Saint Vincent and the Grenadines
Yemen			Serbia
Zambia			Seychelles
			South Africa
			Suriname
			Thailand
			Tonga
			Tunisia
			Turkey
			Turkmenistan
			Uruguay[2]
			Venezuela
			Wallis and Futuna

Quelle: OECD **(o.J.b)**

Annex 3: Weiterführende Informationen: Weitere staatliche Träger deutscher EZ

Es gibt noch eine Reihe von weiteren staatlichen Trägern in der EZ, beispielsweise die Bundesländer mit einem Anteil von 6,6 % an der Gesamt-ODA Deutschlands in 2013 durch ihre FZ-Beiträge (32,7 Millionen €) und die Finanzierung von Studienplätzen für Staatsangehörige (670,7 Millionen €),[435] die etwa 11,500 Gemeinden, insbesondere relevant für die entwicklungspolitische Informations- und Bildungsarbeit,[436] das Auswärtige Amt (AA)[437] das Bundesministerium für Umwelt, Naturschutz, Bau und Reaktorsicherheit (BMUB) mit 2,4% der Gesamt-ODA in 2014 oder das Bundesministerium für Bildung und Forschung (BMBF).[438]

Ihnen kommen zwar im EZ-Gefüge wichtige Funktionen zu, aufgrund des eingeschränkten Umfangs der Thesis wird auf diese nicht weiter eingegangen.

---

[435] Vgl. BMZ **(2015p)**
[436] Vgl. BMZ **(2015m)**
[437] Anm: Das Auswärtige Amt (AA) ist mit einem Anteil von etwa 10 % an der Gesamt-ODA eine weitere wichtige Institution im deutschen EZ-Gefüge. Es ist für die ODA-anrechenbare Hilfe bei humanitären Krisen verantwortlich, welche dann durch die EZ und Übergangshilfe des BMZ ergänzt wird. Vgl. BMZ **(2016k)**, S. 1; S. 1, OECD **(2015)**, S. 87
[438] Vgl. BMZ **(2016k)**, S. 1

Annex 4: Weiterführende Informationen: Nichtstaatliche Träger deutscher EZ

Es gibt eine kaum zu überblickende Zahl an nichtstaatlichen EZ-Organisationen in Afrika. Prinzipiell lassen sie sich in drei Untergruppen unterteilen: In Nichtregierungsorganisationen (NROs), kirchliche Träger und politische Stiftungen. Ihnen kommt ebenfalls eine große Relevanz in der EZ mit Afrika zu, weswegen sie kurz vorgestellt werden sollen, auch wenn ihnen aufgrund des begrenzten Umfangs der Thesis und der später thematisierten Abhängigkeit von staatlichen Geldern nachfolgend nicht die Aufmerksamkeit zukommen kann, die angemessen wäre.

Denn die Vertreter der „uneigennützigen EZ" sind eine nicht zu unterschätzende zivilgesellschaftliche Kraft,[439] auch weil sie den entwicklungspolitischen Dialog in Deutschland führen, während das BMZ eher ein Schattendasein in der deutschen Politik fristet.[440]

Nichtregierungsorganisationen

NROs, sind allgemein gesprochen alle Verbände oder Gruppen, die nicht von Staat und Regierung abhängig sind und gemeinsame Interessen vertreten, ohne dabei kommerzielle Ziele zu verfolgen als Ausdruck zivilgesellschaftlichen Engagements. Alleine in Deutschland sind mehrere 1000 NROs in der Entwicklungspolitik und damit häufig in der EZ aktiv, etwa in der Nahrungsmittel-, Not- und Flüchtlingshilfe und allgemeinen Armmutsbekämpfung.[441]

Im letzten Jahr wurden so 1,1 Milliarden € für EZ von den NROs mobilisiert, Afrika war mit einem Anteil von rund einem Drittel der größte Empfängerkontinent.[442]

Dennoch besteht der Hauptteil der für die EZ aufgewendeten Gelder aus Zuschüssen von staatlichen Mitteln.[443] Ob so die angebliche Unabhängigkeit vom Staat gegeben ist, ist in vielen Fällen somit fraglich. Nuscheler verwendet hier auch den Begriff der QUANGO (Quasi Governmental Organisation), da die finanzielle Abhängigkeit so hoch sei, dass NROs oftmals nur „Schein" NROs seien.[444]

Kirchen

Seitdem die evangelischen und katholischen Kirchen Deutschlands seit dem Ende der 1950er Jahre aktiv sind,[445] haben sie und ihre Hilfswerke (Brot für die Welt/Evangelischer Entwick-

---

[439] Vgl. Klingebiel, S. **(2013)**, S. 16
[440] Vgl. Nuscheler, F. **(2007)**, S. 671
[441] Vgl. BMZ **(2015u)**
[442] Vgl. Statistisches Bundesamt **(2016b)**, S. 2
[443] Vgl. BMZ **(2015u)**
[444] Vgl. Nuscheler, F. **(2004)**, S. 560
[445] Vgl. Scholz, Imme und Brock, Lothar **(2012)**, S. 7 f

lungsdienst und Misereor) sich zu einem wichtigen Partner der deutschen EZ entwickelt, besonders aufgrund ihrer Nähe zu den Ärmsten der Armen und ihrer Möglichkeit, die Grundbedürfnisse der Menschen in fragilen Staaten zu decken und sich für Menschenrechte zu engagieren, in der staatliche EZ aufgrund von Krisen nicht mehr aktiv sein kann oder politisch nicht darf.[446;447]

Sie ergänzen zudem die Aufgaben staatlicher EZ. So stellen religiöse Institutionen etwa in Sub-Sahara-Afrika die Hälfte aller Leistungen in den Bereichen Bildung und Gesundheit.[448] Zudem sind die beiden großen Kirchen diejenigen Institutionen, die selbst am meisten Geld für EZ aufbringen.[449] Dennoch trägt das BMZ zu mehr als der Hälfte des EZ-Etats der Hilfswerke bei,[450] 2015 jeweils 112,5 Millionen €.[451]

Politische Stiftungen

Die Friedrich-Ebert-Stiftung der SPD,[452] die Konrad-Adenauer-Stiftung der CDU,[453] die Friedrich-Naumann-Stiftung der FDP,[454] die Hans-Seidel-Stiftung der CSU,[455] die Heinrich-Böll-Stiftung vom Bündnis 90/den Grünen[456] sowie die Rosa-Luxemburg-Stiftung der Partei die Linke[457] sind als politische Stiftungen hauptsächlich vom Staat und mit dem BMZ als größten Geber (rund 254 Millionen € in 2014),[458] finanziert, leisten aber, besonders bei Aufbau und Förderung von Demokratie sowie Unterstützung der Zivilgesellschaft,[459] größtenteils einen von der Regierung unabhängigen Beitrag zu deutscher bilateraler EZ, 2014 mit einem Etat von etwa 258 Millionen € und einem Anteil von etwa 40-55% ihres Gesamthaushaltes.[460;461;462;463;464;465]

---

[446] Vgl. Ludermann, B. (2012), S. 5
[447] Vgl. BMZ (2015o)
[448] Vgl. BMZ (2015h), S. 5
[449] Vgl. Ludermann, B. (2012), S. 6
[450] Vgl. Ludermann, B. (2012), S. 4
[451] Vgl. BMZ (2015o)
[452] Vgl. BMZ (2013f)
[453] Vgl. BMZ (2013c)
[454] Vgl. BMZ (2013g)
[455] Vgl. BMZ (2013h)
[456] Vgl. BMZ (2013i)
[457] Vgl. BMZ (2013l)
[458] Vgl. BMZ (2015w)
[459] Vgl. BMZ (2015w)
[460] Vgl. Beck, M. (2015), S. 82 f
[461] Vgl. Klingsbögl, H. (2015), S. 75
[462] Vgl. Ulanowski, K. (2015), S. 73
[463] Vgl. Heinrich-Böll-Stiftung (2015), S. 83
[464] Vgl. Volkmann, T. (2015), S. 97
[465] Vgl. Bajohr, W. e. a. (2015), S. 97

Annex 5: Entwicklung der deutschen ODA-Quote 1973-2014

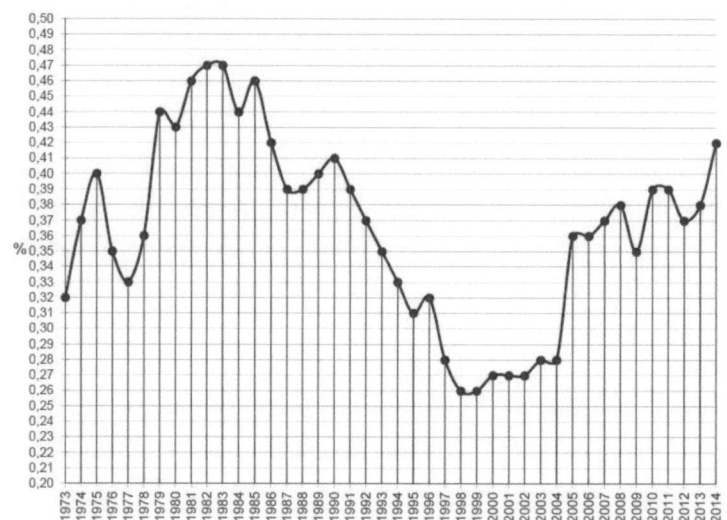

Quelle: BMZ **(2016f)**

Annex 6: Fortschrittsindikatoren der Pariser Erklärung

EIGENVERANTWORTUNG			ZIELVORGABE FÜR 2010
1	*Die Partnerländer verfügen über operationelle Entwicklungsstrategien* – Zahl der Länder mit nationalen Entwicklungsstrategien (einschließlich PRS) mit klaren strategischen Prioritäten, die in einen mittelfristigen Ausgabenrahmen eingebunden sind und sich im Jahreshaushalt widerspiegeln		**Mindestens 75%** verfügen über operationelle Entwicklungsstrategien
PARTNERAUSRICHTUNG			**ZIELVORGABEN FÜR 2010**
2	*Zuverlässig funktionierende Ländersysteme* – Zahl der Partnerländer mit öffentlichen Beschaffungs- und Finanzmanagementsystemen, die sich entweder a) an allgemein anerkannte Prinzipien guter Praxis halten oder b) über entsprechende Reformprogramme verfügen		**a) Öffentliches Finanzmanagement – Die Hälfte der Partnerländer** ist auf der PFM/CPIA-Leistungsskala (länderbezogene Evaluierungen von Politik und Institutionen) um mindestens eine Stufe (d.h. 0,5 Punkte) höher gerückt **b) Beschaffungswesen – Ein Drittel der Partnerländer** ist auf der zur Leistungsmessung für diesen Indikator verwendeten Vier-Punkte-Skala um mindestens eine Stufe (d.h. von D auf C, C auf B oder B auf A) höher gerückt
3	*Die ODA-Leistungen sind auf die nationalen Prioritäten der Partnerländer ausgerichtet* – im nationalen Haushalt des Partnerlands ausgewiesener Prozentsatz der für den Staatssektor bestimmten ODA-Leistungen		**Reduzierung der Lücke um die Hälfte** – Halbierung des Anteils der ODA-Leistungen für den Staatssektor, die nicht im Staatshaushalt ausgewiesen sind (wobei mindestens 85% der Leistungen im Haushalt erscheinen müssen)
4	*Stärkung der Kapazitäten durch koordinierte Unterstützung* – Prozentsatz der für den Kapazitätsaufbau vorgesehenen geberseitigen Unterstützung, die im Rahmen koordinierter Programme im Einklang mit den nationalen Entwicklungsstrategien der Partnerländer erbracht wird		**50% der Leistungen für Technische Zusammenarbeit** werden im Rahmen koordinierter Programme im Einklang mit den nationalen Entwicklungsstrategien der Partnerländer eingesetzt

	PROZENTSATZ DER GEBER	
	Wertung	**Zielvorgabe**
	5+	**Alle Geber** nutzen die öffentlichen Finanzmanagementsysteme der Partnerländer
	3,5–4,5	**90% der Geber** nutzen die öffentlichen Finanzmanagementsysteme der Partnerländer
	PROZENTSATZ DER ODA-LEISTUNGEN	
5a *Nutzung der Ländersysteme für öffentliches Finanzmanagement* – Prozentsatz der Geber und EZ-Leistungen, die entsprechenden Systeme der Partnerländer nutzen, die entweder a) die allgemein anerkannten Prinzipien guter Praxis beachten oder b) über entsprechende Reformprogramme verfügen	**Wertung**	**Zielvorgabe**
	5+	**Zwei-Drittel-Reduzierung** des Prozentsatzes der für den Staatssektor bestimmten ODA-Leistungen von Gebern, die nicht die öffentlichen Finanzmanagementsysteme der Partnerländer nutzen
	3,5–4,5	**Ein-Drittel-Reduzierung** des Prozentsatzes der für den Staatssektor bestimmten ODA-Leistungen von Gebern, die nicht die öffentlichen Finanzmanagementsysteme der Partnerländer nutzen
	PROZENTSATZ DER GEBER	
5b *Nutzung der Beschaffungssysteme der Länder* – Prozentsatz der Geber und ODA-Leistungen, die die öffentlichen Beschaffungssysteme der Partnerländer nutzen, die entweder a) die allgemein anerkannten Prinzipien guter Praxis beachten oder b) über entsprechende Reformprogramme verfügen	**Wertung**	**Zielvorgabe**
	A	**Alle Geber** nutzen die Systeme der Partnerländer für öffentliche Beschaffungen
	B	**90% der Geber** nutzen die Systeme der Partnerländer für öffentliche Beschaffungen

		PROZENTSATZ DER ODA-LEISTUNGEN		
		Wertung*	Zielvorgabe	
		A	**Zwei-Drittel-Reduzierung** des Prozentsatzes der für den Staatssektor bestimmten ODA-Leistungen von Gebern, die nicht die öffentlichen Beschaffungssysteme der Partnerländer nutzen	
		B	**Ein-Drittel-Reduzierung** des Prozentsatzes der für den Staatssektor bestimmten ODA-Leistungen von Gebern, die nicht die öffentlichen Beschaffungssysteme der Partnerländer nutzen	
6	*Stärkung der Kapazitäten durch Vermeidung paralleler Durchführungsstrukturen* – Zahl paralleler Projektdurchführungsstellen pro Land	**Zwei-Drittel-Reduzierung** der Zahl paralleler Projektdurchführungsstellen pro Land		
7	*Bessere Vorhersehbarkeit der ODA-Leistungen* – Prozentsatz der ODA-Leistungen, die gemäß einem vereinbarten Zeitplan im Rahmen einer jährlichen oder mehrjährigen Planung ausgezahlt werden	**Reduzierung der Lücke um die Hälfte** – Halbierung des Anteils der ODA-Leistungen, die im vereinbarten Finanzjahr nicht planmäßig ausgezahlt werden		
8	*Aufhebung der Lieferbindung* – Prozentsatz der bilateralen ODA-Leistungen ohne Lieferbindung	**Kontinuierliche Fortschritte im Zeitverlauf**		
	HARMONISIERUNG	**ZIELVORGABEN FÜR 2010**		
9	*Nutzung gemeinsamer Vorkehrungen oder Verfahren* – Prozentsatz der ODA-Leistungen, die im Rahmen programmorientierter Ansätze bereitgestellt werden	**66% der ODA-Leistungen** werden im Rahmen programmorientierter Ansätze bereitgestellt		
10	*Förderung gemeinsamer Analysen* – Prozentsatz der a) Feldmissionen und/oder b) Länderanalysen, einschließlich diagnostischer Prüfungen, die gemeinsam durchgeführt werden	a) **40% der gegenseitigen Feldmissionen** werden gemeinsam durchgeführt		
		b) **66% der Länderanalysen** werden gemeinsam durchgeführt		
	ERGEBNISORIENTIERTES MANAGEMENT	**ZIELVORGABE FÜR 2010**		
11	*Ergebnisorientierte Rahmen* – Zahl der Länder mit transparenten, durch Monitoring überprüfbaren Rahmen für die Leistungsbewertung, die eine Messung der Fortschritte im Verhältnis zu a) den nationalen Entwicklungsstrategien und b) den Sektorprogrammen ermöglichen	**Reduzierung der Lücke um ein Drittel** – Reduzierung des Anteils der Länder ohne transparenten, durch Monitoring überprüfbaren Rahmen für die Leistungsbewertung um ein Drittel		
	GEGENSEITIGE RECHENSCHAFTSPFLICHT	**ZIELVORGABE FÜR 2010**		
12	*Gegenseitige Rechenschaftspflicht* – Zahl der Partnerländer, die gegenseitige Bewertungen der Fortschritte bei der Umsetzung der in Bezug auf die EZ-Wirksamkeit eingegangenen Verpflichtungen – einschließlich der in dieser Erklärung enthaltenen Verpflichtungen – durchführen	**Alle Partnerländer** verfügen über Systeme zur gegenseitigen Bewertung der erzielten Fortschritte		

Quelle: OECD German Translation Service **(2005)**, S. 12 ff.

Annex 7: Internationale Entwicklung der Paris-Indikatoren 2005 – 2007 – 2010

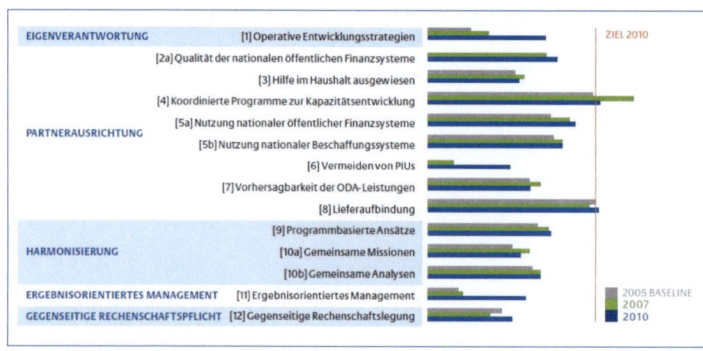

Quelle: BMZ **(2011)**, S. 24

Annex 8: Indikatoren der Globalen Partnerschaft für eine wirksame Entwicklungszusammenarbeit von Busan

INDICATORS	TARGETS FOR 2015
1. Development co-operation is focused on results that meet developing countries' priorities	
Extent of use of country results frameworks by co-operation providers	All providers of development co-operation use country results frameworks
2. Civil society operates within an environment which maximises its engagement in and contribution to development	
A subset of measures from the Enabling Environment Index	Continued progress over time
3. Engagement and contribution of the private sector to development	
Measure of the quality of public-private dialogue	Continued progress over time
4. Transparency: information on development co-operation is publicly available	
	Implement the common standard – All development co-operation providers are on track to implement a common, open standard for electronic publication of timely, comprehensive and forward-looking information on development co-operation
5. Development co-operation is more predictable	
(a) annual: proportion of development cooperation funding disbursed within the fiscal year within which it was scheduled by co-operation providers; and	*Halve the gap – halve the proportion of aid not disbursed within the fiscal year for which it was scheduled (Baseline year 2010)*
(b) medium-term: proportion of development cooperation funding covered by indicative forward spending plans provided at country level	*Halve the gap – halve the proportion of development cooperation funding not covered by indicative forward spending plans provided at country level*

Table 11 (cont.): Global indicators and targets for 2015	
INDICATORS	**TARGETS FOR 2015**
6. Aid is on budgets which are subject to parliamentary scrutiny	
Percentage of development cooperation funding scheduled for disbursement that is recorded in the annual budgets approved by the legislatures of developing countries	*Halve the gap* – halve the proportion of development cooperation flows to the government sector not reported on government's budget(s) (with at least 85% reported on budget) (Baseline year 2010)
7. Mutual accountability among development co-operation actors is strengthened through inclusive reviews	
Percentage of countries that undertake inclusive mutual assessments of progress in implementing agreed commitments	*All developing countries have inclusive mutual assessment reviews in place (Baseline year 2010)*
8. Gender equality and women's empowerment	
Percentage of countries with systems that track and make public allocations for gender equality and women's empowerment	*All developing countries* have systems that track and make public resource allocations for gender equality and women's empowerment
9. Effective institutions: developing countries' systems are strengthened and used	
(a) Quality of developing country PFM systems; and	*Half of developing countries move up at least one measure (i.e. 0.5 points)* on the PFM/CPIA scale of performance (Baseline year 2010)
(b) Use of country PFM and procurement systems	*Reduce the gap. [use the same logic as in Paris – close the gap by two-thirds where CPIA score is >=5; or by one-third where between 3.5 and 4.5]* (Baseline year 2010)
10. Aid is untied	

Quelle: Global Partnership for Effective Development Co-operation. (2013). Guide to the monitoring framework of the global partnership (nicht mehr verfügbar), zitiert nach Abdel-Malek, T. **(2015),** S. 284 f.

Annex 9: Weltkarte mit den 48 LDCs

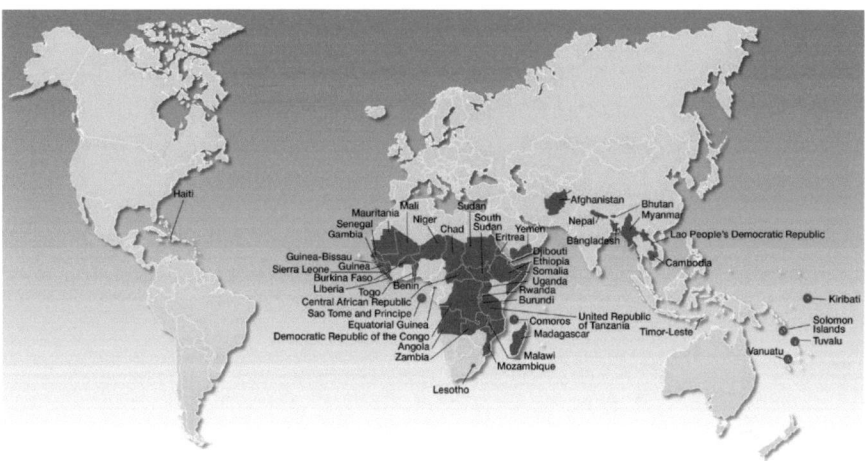

Quelle: (United Nations Conference on Trade and Development **(o.J.)**)

Annex 10: Weiterführende Informationen: Kritikpunkte an der Entwicklungszusammenarbeit

Die nun aufgeführte Kritik zu beweisen ist nicht die Aufgabe der Kritiker, es ist die Aufgabe der EZ-Akteure, jene zu widerlegen, dies geschieht bis dato nur unzureichend.

Eines der größten Probleme, eine Aussage zur Wirksamkeit von deutscher EZ treffen zu können, ist das sogenannte Mikro-Makro-Paradoxon.

Es beschreibt, dass EZ-Leistungen aus einer engeren Mikro-Perspektive heraus betrachtet durchaus positive Wirkungen erkennen lassen, aus einer makroökonomischen Perspektive allerdings sogar schädlich erscheinen können.[466;467]

Dass viele solcher Mikro-Makro-Paradoxen auch durch Deutschlands EZ-Bemühungen in Afrika entstehen, kann aufgrund mangelnder Analysen diesbezüglich zumindest nicht ausgeschlossen werden.

Ein weiteres Makroproblem, dass bei EZ-Strömen nach Afrika entstehen kann, ist die „Dutch Disease". Sie bezeichnet die Aufwertung der heimischen Währung nach Zustrom von Auslandskapital, was die Exporte behindert und über Preiserhöhungen der nicht handelbaren Güter (Personalgehälter etc.) zu internen Preisverzerrungen und Inflation führt.[468;469;470]

Die Meinung über die Größe der Problematik ist umstritten, im Zusammenhang mit EZ kann sie allerdings bis jetzt noch nicht einwandfrei endkräftigt werden.[471;472]

---

[466] Vgl. Kevenhörster, P./ van den Boom, D. **(2009)**, S. 87

[467] Anm.: Ein simples Beispiel: Ein afrikanischer Moskitonetzproduzent hat 15 Angestellte, die mit ihrem Gehalt bis hin zu 10 Verwandte unterstützen (nicht unnormal für afrikanische Länder). Nun stellt das BMZ im Sinne der Sonderinitiative „Gesundheit für Afrika" 100.000 Moskitonetze in die betroffene Region zu Kosten von 1.000.000 €. Der Markt wird nun überflutet mit kostenlosen Moskitonetzen, was den lokalen Produzenten direkt pleite gehen lässt. Somit muss er seine zehn Mitarbeiter entlassen, die nunmehr ihre bis zu 150 Verwandten nicht unterstützen können. Damit hat sich nicht nur die Einkommenssituation von mehr als hundert Menschen dramatisch verschlechtert, ein weiteres Problem ist, dass die gespendeten Netze nach etwa 5 Jahren löchrig und nicht mehr benutzbar sind bei gleichzeitigem Nichtvorhandensein von lokalen Nachschubmöglichkeiten. Vgl. Moyo, D. **(2010)**, S. 44

[468] Vgl. Wolff, J. H. **(2011)**, S. 40 f.

[469] Vgl. Klingebiel, S. **(2013)**, S. 65

[470] Anm.: Ein weiteres simplifiziertes Beispiel: Kameruns Binnenmarkt stehen 100.000.000.000 zentralafrikanische Francs XFA zur Verfügung, momentan etwa 150.000.000 Euro entsprechend. Nun erreichen Kamerun 1.000.000 € an ODA als Direkttransfer. Niemand kann Euro in Kamerun ausgeben, da die Privatwirtschaft nur die in Kamerun gültige Währung akzeptiert. Um also die Euro ausgeben zu können, müssen diejenigen, die sie erhalten haben, jene in Francs XFA umtauschen, ohne, dass die 100.000.000.000 XFA mehr geworden wären. Somit steigt der Wert der Francs, wenn die Hilfsempfänger versuchen, ihre ODA-Euro "loszuwerden". Der nun bezüglich Wechselkursen stärker gewordene Francs XFA verteuert die Exportprodukte Kameruns (da in der gegeben Zeitspanne in dem Maße höchstwahrscheinlich Löhne nicht entsprechend sinken und Produktivität steigen werden), was Kameruns Produkte weniger kompetitiv auf dem Weltmarkt macht.

[471] Vgl. Mwanza Nkusu **(2004)**, S. 16

[472] Vgl. Raghuram G. Rajan/Arvind Subramanian **(2009)**, S. 18 f

Zudem muss die Gefahr von „Brain Drain" im Rahmen von EZ-Systemen betrachtet werden. Gebereinrichtungen zahlen zumeist höhere Gehälter und ziehen damit Personal aus den Partnerstrukturen ab. Dies gilt besonders für hochqualifiziertes Personal. Durch Fort- und Ausbildungsveranstaltungen können erhebliche Zusatzeinkommen erzielt werden; es werden Leistungsanreize außerhalb der nationalen Administrationen geschaffen.[473] Gerade die GIZ, die in Sub-Sahara-Afrika mehr nationales Personal beschäftigt als deutsche Fachkräfte auf der ganzen Welt,[474] müsste diesen Kritikpunkt diskutieren.[475]

Auch wird unterstellt, dass die lokalen Mitarbeiter aus „Selbsterhaltungstrieb" gar kein Interesse hätten, Verbesserung im Sinne der Zielsetzung der EZ-Institutionen zu erreichen, da dann ihr gut bezahlter Arbeitsplatz gefährdet sei.[476;477]

Neben des Risikos durch Brain Drain gibt es weitere Problemfelder, für die die EZ im Sinne einer Nehmerstrukturschwächung verantwortlich sein kann.

Oft wird im Zusammenhang mit EZ-Leistungen die Kreierung einer „Empfängermentalität" in den Entwicklungsländern befürchtet, die die Eigeninitiative beim Aufbau alternativer Finanzierungsquellen außerhalb der EZ und bei der Bewältigung von nationalen Katastrophen erheblich mindere.[478;479;480;481]

---

[473] Vgl. Klingebiel, S. (2013), S. 67
[474] Vgl. GIZ (2015), S. 53
[475] Anm.: Natürlich hat auch der Ansatz Deutschlands, dem Prinzip der Subsidiarität folgend, nur externe Fachkräfte einzusetzen, wenn es notwendig ist (so zumindest die bekundete politische Absicht), seine Berechtigung. Prinzipiell scheint es wünschenswerter, die lokale Bevölkerung im Sinne einer Entwicklungszusammenarbeit, die ihrem Namen gerecht wird auch in deutschen EZ-Institutionen einzubinden, es soll lediglich auf die damit einhergehende Gefahr des „Brain Drain" verwiesen werden.
[476] Vgl. Seitz, V. (2011), S. 169
[477] Anm.: Diese Kritik am „Selbsterhaltungstrieb" ist auf die gesamte EZ-Industrie übertragbar. Es sei von keiner Organisation zu erwarten, dass sie sich freiwillig selbst abschafften, obwohl das ja letztlich das Ergebnis sein sollte, wenn ihre Bemühungen erfolgreich sind. Allein in Deutschland arbeiten ca. 100.000 Menschen in der Entwicklungszusammenarbeit. Sie hätten, da sich ihr Durchschnittsalter konstant erhöhe, ein wesentliches Interesse daran, für den Rest des Arbeitslebens in der Entwicklungshilfe tätig zu sein und würden somit auf keinen Fall ihre Lebensgrundlage durch die Erreichung von EZ-Zielen gefährden. Selbst der DAC warnt, dass die Durchführungsorganisationen unter Umständen in ihrer Beratung des BMZ von eigenen Interessen beeinflusst sein könnten. Vgl. Seitz, V. (2011), S. 165; Klingebiel, S. (2013), S. 16; Moyo, D. (2010), S. 54; DAC (2010), S. 69
[478] Vgl. Seitz, V. (2011), S. 39 ff.
[479] Vgl. Wolff, J. H. (2011), S. 40
[480] Vgl. Moyo, D. (2010), S. 36
[481] Anm.: Beispielsweise hat Uganda während einer Hungerkrise und Dürrekatastrophe in 2011 für 740 Mio. $ russische Jagdbomber gekauft, während die ersten Hilfsaktionen für das Land anliefen. In diesem Zusammenhang kann auch von der „Fungibilität" von EZ gesprochen werden. EZ wird als fungibel bezeichnet, wenn die Unterstützung es den Nehmerländern ermöglicht, die eigenen Ausgaben für den vorgesehenen Zweck zu reduzieren. Vgl. Die Presse (2011); Klingebiel, S. (2013), S. 66

Auch können so erhebliche Kapazitäten von Regierungen und Administrationen durch die Kommunikation mit den Gebern und projekt- oder programmbezogene Abläufe gebunden werden. Ein großer Teil der Nehmerkapazitäten widmet sich dann den Geberstrukturen.[482]

Des Weiteren könnten die ODA-Ströme den Aufbau von Steuererhebungsinstrumenten verhindern, da die Einwerbung von EZ im Gegensatz zur Steuererhebung nicht gegen bestehende Interessen (z.B. der privilegierter Eilten) durchgesetzt werden muss.[483] Diese Problematik könnte insbesondere in Afrika vorliegen, da Steuern, wie bereits erwähnt, nur einen geringen Anteil am BIP ausmachen.[484]

All die erwähnten Kritikpunkte sind unter Umständen auch Probleme deutscher EZ mit Afrika. Solange die deutschen EZ-Institutionen der Kritik nichts entgegensetzen können, bleibt ein positiver Effekt ihrer EZ-Bemühungen fraglich.

---

[482] Vgl. Klingebiel, S. (2013), S. 67
[483] Vgl. Klingebiel, S. (2013), S. 66
[484] Anm.: Siehe „Afrika: Größe des informellen Sektors"

Literaturverzeichnis

Abdel-Malek, T. (2015): The global partnership for effective development cooperation, in: http://www.die-gdi.de/uploads/media/Studies_88.pdf (; Zugriff am 14.3.2016).

Action for Global Health (o.J.): Stand der Armutsbekämpfung in Afrika, in: http://www.deine-stimme-gegen-armut.de/blog/wp-content/uploads/2010/06/DSGA_S%C3%A4ulenaktion_Handzettel-FIN.pdf (; Zugriff am 26.2.2016).

Afrika-Verein der Deutschen Wirtschaft (2015): Marktchancen in Afrika 2015, in: http://www.gtai.de/GTAI/Content/DE/Trade/Fachdaten/PUB/2015/02/pub201502098003_19684_marktchancen-in-afrika-2015.pdf?v=1 (; Zugriff am 03.3.2016).

Alonso, J. (2015): Supporting LDCs´ Transformation: How can ODA Contribute to the Istanbul Programme of Action in the Post-2015 Era?, in: http://www.un.org/en/development/desa/policy/cdp/cdp_background_papers/bp2015_28.pdf (Onlineveröffentlichung vom August 2015; Zugriff am 10.3.2016).

Andersen, U. (2004): Entwicklungspolitik/-hilfe, in: Woyke, W. [Hrsg.]: Handwörterbuch Internationale Politik, 9. Aufl., Bonn, S. 85–95.

Andersen, U. (2011): Zwischenbilanz der Entwicklungspolitik - eine Einführung, in: Massing, P. e. a. [Hrsg.]: Politikvermittlung in der Demokratie, Schwalbach, Ts., S. 5–9.

Auswärtiges Amt (2011): Deutschland und Afrika: Konzept der Bundesregierung, in: http://www.lusaka.diplo.de/contentblob/3680876/Daten/1369360/download_Afrikakonzept.pdf (; Zugriff am 18.2.2016).

Auswärtiges Amt (2014): Entwicklungszusammenarbeit, in: http://www.auswaertiges-amt.de/DE/Aussenpolitik/RegionaleSchwerpunkte/Afrika/wirtschaftEZ/EZ-Afrika-neu_node.html (; Zugriff am 23.2.2016).

Bajohr, W. e. a. (2015): Jahresbericht 2014, in: www.kas.de/upload/Publikationen/2014/Jahresbericht/JB2014.pdf (; Zugriff am 14.2.2016).

Beck, M. (2015): Jahresbericht 2014, in: https://www.rosalux.de/fileadmin/rls uploads/pdfs/stiftung/Jahresbericht_2014.pdf (; Zugriff am 14.2.2016).

Benn, J./Rogerson, A./Steensen, S. (2010): Getting closer to the Core- Measuring Country Programmable Aid, in: www.oecd.org/dac/aid-architecture/45564447.pdf (; Zugriff am 09.3.2016).

BMZ (2009): Operationsplan zur Umsetzung der Pariser Erklärung 2005 und des Accra Aktionsplans 2008 zur Steigerung der Wirksamkeit von Entwicklungszusammenarbeit, in: www.bmz.de/de/zentrales_downloadarchiv/grundsaetze_und_ziele/OP_Paris_Accra_03_2 009.pdf (; Zugriff am 24.2.2016).

BMZ (2011): Mehr Wirkungen erzielen - 4. Hochrangiges Forum zur Wirksamkeit der Entwicklungszusammenarbeit, Busan, 29.11. – 1.12.2011, in: http://www.bmz.de/de/mediathek/publikationen/archiv/reihen/infobroschueren_flyer/infob roschueren/Materialie218_Informationsbroschuere_09_2011.pdf (; Zugriff am 28.2.2016).

BMZ (2012): Ministerium, in: http://www.bmz.de/de/ministerium/index.html (Onlineveröffentlichung vom 6.11.2012; Zugriff am 09.2.2016).

BMZ (2013a): Deutsche Gesellschaft für Internationale Zusammenarbeit, in: http://www.bmz.de/de/ministerium/wege/bilaterale_ez/akteure_ez/einzelakteure/giz/index. html?follow=adword (Onlineveröffentlichung vom 4.1.2013; Zugriff am 02.3.2016).

BMZ (2013b): Dreieckskooperationen, in: http://www.bmz.de/de/ministerium/wege/dreieckskooperationen/index.html (Onlineveröffentlichung vom 8.11.2013; Zugriff am 09.2.2016).

BMZ (2013c): Einzelne Akteure (Auswahl) - Konrad-Adenauer-Stiftung, in: http://www.bmz.de/de/ministerium/wege/bilaterale_ez/akteure_ez/einzelakteure/kadenauer /index.html (Onlineveröffentlichung vom 4.1.2013; Zugriff am 14.2.2016).

BMZ (2013d): Finanzielle Zusammenarbeit, in: http://www.bmz.de/de/ministerium/wege/bilaterale_ez/zwischenstaatliche_ez/finanz_zusa mmenarbeit/index.html (Onlineveröffentlichung vom 4.12.2013; Zugriff am 09.2.2016).

BMZ (2013e): Fortbildung und Hochschulkooperation, in: http://www.bmz.de/de/ministerium/wege/bilaterale_ez/zwischenstaatliche_ez/fortbildung/i ndex.html (Onlineveröffentlichung vom 2.1.2013; Zugriff am 09.2.2016).

BMZ (2013f): Friedrich-Ebert-Stiftung, in: http://www.bmz.de/de/ministerium/wege/bilaterale_ez/akteure_ez/einzelakteure/febert/ind ex.html (Onlineveröffentlichung vom 4.1.2013; Zugriff am 14.2.2016).

BMZ (2013g): Friedrich-Naumann-Stiftung, in: http://www.bmz.de/de/ministerium/wege/bilaterale_ez/akteure_ez/einzelakteure/fnaumann /index.html (Onlineveröffentlichung vom 4.1.2013; Zugriff am 14.2.2016).

BMZ (2013h): Hanns-Seidel-Stiftung, in: http://www.bmz.de/de/ministerium/wege/bilaterale_ez/akteure_ez/einzelakteure/hseidel/in dex.html (Onlineveröffentlichung vom 4.1.2013; Zugriff am 14.2.2016).

BMZ (2013i): Heinrich-Böll-Stiftung,

in: http://www.bmz.de/de/ministerium/wege/bilaterale_ez/akteure_ez/einzelakteure/hboell/ind ex.html (Onlineveröffentlichung vom 4.1.2013; Zugriff am 14.2.2016).

BMZ (2013j): Partnerschaft von Busan,

in: http://www.bmz.de/de/ministerium/ziele/ziele/parisagenda/busan/index.html (Onlineveröffentlichung vom 17.12.2013; Zugriff am 24.2.2016).

BMZ (2013k): Reintegration von Fachkräften,

in: http://www.bmz.de/de/ministerium/wege/bilaterale_ez/zwischenstaatliche_ez/reintegration /index.html (Onlineveröffentlichung vom 2.1.2013; Zugriff am 09.2.2016).

BMZ (2013l): Rosa-Luxemburg-Stiftung,

in: http://www.bmz.de/de/ministerium/wege/bilaterale_ez/akteure_ez/einzelakteure/rluxembur g/index.html (Onlineveröffentlichung vom 4.1.2013; Zugriff am 14.2.2016).

BMZ (2013m): Technische Zusammenarbeit,

in: http://www.bmz.de/de/ministerium/wege/bilaterale_ez/zwischenstaatliche_ez/tech_zusam menarbeit/index.html (Onlineveröffentlichung vom 28.1.2013; Zugriff am 09.2.2016).

BMZ (2014a): Afrika südlich der Sahara,

in: http://www.bmz.de/de/laender_regionen/subsahara/index.html?follow=adword (Onlineveröffentlichung vom 11.11.2014; Zugriff am 19.2.2016).

BMZ (2014b): Akteure,

in: http://www.bmz.de/de/ministerium/wege/multilaterale_ez/akteure/index.html (Onlineveröffentlichung vom 11.11.2014; Zugriff am 02.3.2016).

BMZ (2014c): Aktionsplan von Accra,

in: http://www.bmz.de/de/ministerium/ziele/ziele/parisagenda/accra/index.html (Onlineveröffentlichung vom 14.10.2014; Zugriff am 24.2.2016).

BMZ (2014d): Deutsche Entwicklungszusammenarbeit,

in: http://www.bmz.de/de/ministerium/wege/dreieckskooperationen/deutsche entwicklungszu sammenarbeit/index.html (Onlineveröffentlichung vom 2.5.2014; Zugriff am 09.2.2016).

BMZ (2014e): Die neue Afrika-Politik des BMZ (; Zugriff am 16.2.2016).

BMZ (2014f): Erklärung von Paris,

in: http://www.bmz.de/de/ministerium/ziele/ziele/parisagenda/paris/index.html (Onlineveröffentlichung vom 14.10.2014; Zugriff am 24.2.2016).

BMZ (2014g): Freiwilligendienst,

in: http://www.bmz.de/de/ministerium/wege/bilaterale_ez/zwischenstaatliche_ez/freiwillligen dienst/index.html (Onlineveröffentlichung vom 18.12.2014; Zugriff am 09.2.2016).

BMZ (2014h): IDA,

in: http://www.bmz.de/de/ministerium/wege/multilaterale_ez/akteure/weltbank/ida/index.html ?follow=adword (Onlineveröffentlichung vom 3.1.2014; Zugriff am 03.3.2016).

BMZ (2014i): Multilaterale Zusammenarbeit,

in: http://www.bmz.de/de/ministerium/wege/multilaterale_ez/index.html (Onlineveröffentlichung vom 25.7.2014; Zugriff am 09.2.2016).

BMZ (2014j): Wege,

in: http://www.bmz.de/de/ministerium/wege/bilaterale_ez/zwischenstaatliche_ez/index.html (Onlineveröffentlichung vom 25.7.2014; Zugriff am 02.3.2016).

BMZ (2015a): Afrika,

in: http://www.bmz.de/de/ministerium/wege/dreieckskooperationen/afrika/index.html (Onlineveröffentlichung vom 9.6.2015; Zugriff am 09.2.2016).

BMZ (2015b): Afrikanische Union,

in: http://www.bmz.de/de/laender_regionen/afrikanische_union/index.html (Onlineveröffentlichung vom 30.6.2015; Zugriff am 21.3.2016).

BMZ (2015c): Agenda 2030,

in: http://www.bmz.de/de/ministerium/ziele/ziele/2030_agenda/index.html (Onlineveröffentlichung vom 22.10.2015; Zugriff am 30.3.2016).

BMZ (2015d): Bilaterale Netto-ODA nach Förderbereichen 2012-2014,

in: https://www.bmz.de/de/zentrales_downloadarchiv/Ministerium/ODA/3_D5_Bilaterale_Ne tto_ODA_nach_Foerderbereichen_2012_bis_2014.pdf (Onlineveröffentlichung vom 10.12.2015; Zugriff am 13.3.2016).

BMZ (2015e): Bilaterale Netto-ODA nach Förderbereichen und Ländern 2014,

in: https://www.bmz.de/de/zentrales_downloadarchiv/Ministerium/ODA/3_D7_Bilaterale_Ne tto_ODA_nach_Foerderbereichen_und_Laendern_2014.pdf (Onlineveröffentlichung vom 14.12.2015; Zugriff am 13.3.2016).

BMZ (2015f): Bilaterale ODA nach Instrumenten und Ländern 2014 im Detail,

in: https://www.bmz.de/de/zentrales_downloadarchiv/Ministerium/ODA/3_D4_Bilaterale_O DA_nach_Instrumenten_und_Laendern_2014_im_Detail.pdf (; Zugriff am 02.3.2016).

BMZ (2015g): Bilaterale Zusammenarbeit,

in: http://www.bmz.de/de/ministerium/wege/bilaterale_ez/index.html (Onlineveröffentlichung vom 14.8.2015; Zugriff am 09.2.2016).

BMZ (2015h): Die Rolle von Religion in der deuschen Entwicklungspolitik,

in: https://www.bmz.de/de/mediathek/publikationen/reihen/infobroschueren_flyer/flyer/Flyer_Religionen.pdf (; Zugriff am 14.2.2016).

BMZ (2015i): Energie, in: http://www.bmz.de/de/laender_regionen/subsahara/energie.html (Onlineveröffentlichung vom 30.6.2015; Zugriff am 19.2.2016).

BMZ (2015j): Entsendung von Fachkräften,

in: http://www.bmz.de/de/ministerium/wege/bilaterale_ez/zwischenstaatliche_ez/entsendung/index.html (Onlineveröffentlichung vom 26.11.2015; Zugriff am 09.2.2016).

BMZ (2015k): Evaluierungsinstitut,

in: http://www.bmz.de/de/ministerium/evaluierung/evaluierungsinstitut/index.html (Onlineveröffentlichung vom 24.2.2015; Zugriff am 23.3.2016).

BMZ (2015l): Förderbereichsschlüssel,

in: http://www.bmz.de/de/ministerium/zahlen_fakten/oda/hintergrund/foerderbereichsschluessel/index.html (Onlineveröffentlichung vom 29.12.2015; Zugriff am 13.3.2016).

BMZ (2015m): Gemeinden,

in: http://www.bmz.de/de/ministerium/wege/bilaterale_ez/akteure_ez/laendergemeinden/gemeinden/index.html (Onlineveröffentlichung vom 3.8.2015; Zugriff am 14.2.2016).

BMZ (2015n): Grundsätze,

in: http://www.bmz.de/de/ministerium/ziele/grundsaetze/index.html (Onlineveröffentlichung vom 17.12.2015; Zugriff am 09.2.2016).

BMZ (2015o): Kirchen,

in: http://www.bmz.de/de/ministerium/wege/bilaterale_ez/akteure_ez/kirchen/index.html (Onlineveröffentlichung vom 28.8.2015; Zugriff am 14.2.2016).

BMZ (2015p): Länder,

in: http://www.bmz.de/de/ministerium/wege/bilaterale_ez/akteure_ez/laendergemeinden/laender/index.html (Onlineveröffentlichung vom 3.8.2015; Zugriff am 14.2.2016).

BMZ (2015q): Lexikon, in: http://www.bmz.de/de/service/glossar/index.html (Onlineveröffentlichung vom 19.8.2015; Zugriff am 01.3.2016).

BMZ (2015r): Millenniumsentwicklungsziele,

in: http://www.bmz.de/de/ministerium/ziele/ziele/MDGs_2015/index.html (Onlineveröffentlichung vom 25.9.2015; Zugriff am 26.2.2016).

BMZ (2015s): Nachhaltige Wirtschaftsentwicklung,

in: http://www.bmz.de/de/laender_regionen/subsahara/nachhaltige_wirtschaftsentwicklung.html (Onlineveröffentlichung vom 30.6.2015; Zugriff am 19.2.2016).

BMZ (2015t): Neue Akzente in unserer Afrikapolitik- Zwischenbilanz nach einem Jahr, in: http://www.bmz.de/de/mediathek/publikationen/reihen/infobroschueren_flyer/infobroschu eren/Materialie264_afrikapolitik.pdf (; Zugriff am 17.2.2016).

BMZ (2015u): Nichtregierungs-orga-ni-sa-tionen (Private Träger und Sozial-struktur-träger), in: http://www.bmz.de/de/ministerium/wege/bilaterale_ez/akteure_ez/nros/index.html?PHPSE SSID=fc344d5ee5f8c660a9d8eed0f38c8796 (Onlineveröffentlichung vom 30.7.2015; Zugriff am 14.2.2016).

BMZ (2015v): OECD, in: http://www.bmz.de/de/ministerium/wege/multilaterale_ez/akteure/oecd/index.html (Onlineveröffentlichung vom 21.7.2015; Zugriff am 01.3.2016).

BMZ (2015w): Politische Stiftungen, in: http://www.bmz.de/de/ministerium/wege/bilaterale_ez/akteure_ez/polstiftungen/index.htm l (Onlineveröffentlichung vom 4.8.2015; Zugriff am 14.2.2016).

BMZ (2015x): Rede von Bundesentwicklungsminister Dr. Gerd Müller in der Bundestagsde-batte zum Thema "Entwicklungszusammenarbeit mit Afrika – Perspektiven für unseren Nachbarkontinent", in: http://www.bmz.de/de/presse/reden/minister_mueller/2015/Juni/20150618_Rede-von-Bundesentwicklungsminister-Gerd-Mueller-in-der-Bundestagsdebatte-zum-Thema-Entwicklungszusammenarbeit-mit-Afrika-Perspektiven-fuer-unseren-Nachbarkontinent.html (Onlineveröffentlichung vom 18.6.2015; Zugriff am 27.2.2016).

BMZ (2015y): Wasser, in: http://www.bmz.de/de/laender_regionen/subsahara/wasser.html (Onlineveröffentlichung vom 30.6.2015; Zugriff am 19.2.2016).

BMZ (2015z): Wirksamkeit der Zusammenarbeit, in: http://www.bmz.de/de/ministerium/ziele/ziele/parisagenda/index.html (Onlineveröffentli-chung vom 5.5.2015; Zugriff am 24.2.2016).

BMZ (2016a): Bi- und multilaterale Netto-ODA an Least Developed Countries (LDC) 2010-2014, in: https://www.bmz.de/de/zentrales_downloadarchiv/Ministerium/ODA/3_B5_Bi_und_multi laterale_Netto_ODA_an_Least_Developed_Countries_LDC_2010_bis_2014.pdf (; Zugriff am 10.3.2016).

BMZ (2016b): Bi- und multilaterale Netto-ODA nach Ländern 2010-2014, in: https://www.bmz.de/de/zentrales_downloadarchiv/Ministerium/ODA/3_B4_Bi_und_multi laterale_Netto_ODA_nach_Laendern_2010_bis_2014.pdf (Onlineveröffentlichung vom 5.1.2016; Zugriff am 09.3.2016).

BMZ (2016c): Bilaterale Netto-ODA nach Förderbereichen 2012-2014,

in: http://www.bmz.de/de/ministerium/zahlen_fakten/oda/leistungen/bi_netto_oda_forderbere
iche_2012_bis_2014/index.html (Onlineveröffentlichung vom 1.2.2016; Zugriff
am 02.3.2016).

BMZ (2016d): Bilaterale ODA - Rangliste 2014,

in: http://www.bmz.de/de/ministerium/zahlen_fakten/oda/leistungen/bilaterale_oda_rangliste_
2014/3_D3_Bilaterale_ODA_Rangliste_2014-SP2.xlsx (Onlineveröffentlichung vom
13.1.2016; Zugriff am 10.3.2016).

BMZ (2016e): Deutsche ODA-Leistungen,

in: http://www.bmz.de/de/ministerium/zahlen_fakten/oda/leistungen/index.html (Onlineveröffentlichung vom 3.3.2016; Zugriff am 08.3.2016).

BMZ (2016f): Entwicklung der deutschen ODA-Quote 1973-2014,

in: http://www.bmz.de/de/ministerium/zahlen_fakten/oda/leistungen/entwicklung_1973_2014
/index.html (Onlineveröffentlichung vom 28.1.2016; Zugriff am 08.3.2016).

BMZ (2016g): Geber im Vergleich 2014 - Veränderung gegenüber 2013,

in: https://www.bmz.de/de/zentrales_downloadarchiv/Ministerium/ODA/2_1_Geber_im_Ver
gleich_2014_Veraenderung_gegenueber_2013-vorl_Werte.pdf (Onlineveröffentlichung vom
7.1.2016; Zugriff am 08.3.2016).

BMZ (2016h): Gruppe der 7 / Gruppe der 8 (G7/G8),

in: https://www.bmz.de/de/service/glossar/G/g8.html (Onlineveröffentlichung vom 14.1.2016;
Zugriff am 21.3.2016).

BMZ (2016i): Länderliste,

in: http://www.bmz.de/de/laender_regionen/laenderliste/index.html (Onlineveröffentlichung
vom 14.3.2016; Zugriff am 21.3.2016).

BMZ (2016j): Leitfaden "Was ist Official Development Assistance (ODA)?",

in: https://www.bmz.de/de/ministerium/zahlen_fakten/oda/hintergrund/leitfaden/index.html
(Onlineveröffentlichung vom 14.1.2016; Zugriff am 14.2.2016).

BMZ (2016k): Mittelherkunft der bi- und multilateralen ODA 2013-2014,

in: http://www.bmz.de/de/ministerium/zahlen_fakten/oda/leistungen/mittelherkunft_2013_20
14/index.html (Onlineveröffentlichung vom 1.2.2016; Zugriff am 02.3.2016).

BMZ (2016l): Naher Osten und Nordafrika,

in: http://www.bmz.de/de/laender_regionen/naher_osten_nordafrika/index.html (Onlineveröffentlichung vom 25.1.2016; Zugriff am 05.3.2016).

Boyce, J. K./Ndikumana, L. (2012): Capital Flight from Sub-Saharan African Countries Updated Estimates 1970-2010.

Bundesministerium für Finanzen (2016): Bundeshaushalt 2015, in: http://www.bundeshaushalt-info.de/#/2015/soll/ausgaben/einzelplan/23.html (Onlineveröffentlichung vom 19.2.2016; Zugriff am 08.3.2016).

Bundeszentrale für Politische Bildung (o.J.): Internationaler Währungsfonds (IWF), in: http://www.bpb.de/nachschlagen/lexika/politiklexikon/17660/internationaler-waehrungsfonds-iwf (; Zugriff am 21.3.2016).

Burg, F. (2011): Zur Berechnung von Kaufkraftparitäten, in: https://www.destatis.de/DE/Publikationen/WirtschaftStatistik/Preise/Kaufkraftparitaeten_8 2011.pdf?__blob=publicationFile (; Zugriff am 22.3.2016).

Caritas International (2013): Indien: Raus aus der extremen Armut, in: http://www.caritas-international.de/hilfeweltweit/asien/indien/armut-frauen-sozialarbeit (Onlineveröffentlichung vom 25.3.2015; Zugriff am 24.3.2016).

Clay, E. J. et al (2009): Aid untying: Is it working?, in: https://www.oecd.org/dac/evaluation/dcdndep/44375975.pdf (; Zugriff am 14.3.2016).

DAC (2010): Deutschland, in: http://www.oecd.org/berlin/46270433.pdf (; Zugriff am 02.3.2016).

DAC (2015): DAC-Prüfbericht über die Entwicklungszusammenarbeit: Deutschland 2015, in: http://gso.gbv.de/DB=2.1/PPNSET?PPN=847331520&COOKIE=U999,K999,D2.1,E3525 03b2-29,I0,B9994++++++,SY,A,H13-15,,17-23,,30,,50,,60-61,,73-78,,88-90,NGAST,R92.75.230.11,FN (; Zugriff am 20.3.2016).

Die Presse (2011): "Entwicklungshilfe": Russische Kampfjets für Uganda, in: http://diepresse.com/home/panorama/welt/680989/Entwicklungshilfe_Russische-Kampfjets-fur-Uganda (; Zugriff am 11.2.2016).

Europäische Komission (2010): Communication from the Comission to the European Parliament, the Council, the European Economic and Social Committee, and the Committee of the Regions, in: eur-lex.europa.eu/LexUriServ/LexUriServ.do?uri=COM:2010:0159:FIN:EN:PDF (; Zugriff am 22.3.2016).

Europäische Kommission (2015): Europäische Kommission fordert weitere Zusagen zur Erreichung der Ziele für die öffentliche Entwicklungshilfe, in: http://europa.eu/rapid/press-release_IP-15-4747_de.htm (Onlineveröffentlichung vom 4.8.2015; Zugriff am 08.3.2016).

Frankfurter Allgemeine Zeitung (30.01.2016): Entwicklungsökonom: Merkel hat Flücht-linge angelockt. Oxford-Forscher Paul Collier fordert einen radikalen Schwenk/ Sorge vor starker Auswanderungswelle aus Afrika, in: Frankfurter Allgemeine Zeitung, 2015. Jg. Onlineveröffentlichung vom 30.1.2016.

Freund, M. (2012): Entwicklungspolitik: Wie Deutschland an den Armen verdient, in: http://www.handelsblatt.com/politik/deutschland/entwicklungspolitik-wie-deutschland-an-den-armen-verdient/7423522.html (; Zugriff am 23.2.2016).

GIZ (2015): Integrierter Unternehmensbericht 2014, in: https://www.giz.de/de/downloads/giz2015-de-integrierter-unternehmensbericht-2014-barrierefrei_02-07-15.pdf (; Zugriff am 19.2.2016).

Green, Duncan/Hale, Stephan/Lockwood, Matthew (2012): HOW CAN A POST-2015 AGREEMENT DRIVE REAL CHANGE?, in: https://www.oxfam.org/sites/www.oxfam.org/files/dp-politics-post-2015-mdgs-revised-211112-en.pdf (; Zugriff am 22.3.2016).

Haefliger, M. (2016): Governance und Entwicklung in Afrika: Nicht nach dem Bild des Westens, in: http://www.nzz.ch/meinung/kommentare/governance-und-entwicklung-in-afrika-nicht-nach-dem-vorbild-des-westens-ld.5769 (Onlineveröffentlichung vom 27.2.2016; Zugriff am 02.3.2016).

Hartmann, C. (2011): Entwicklungspolitik im Wandel: "Neuerfindung" oder neue Beschein-denheit?, in: Massing, P. e. a. [Hrsg.]: Politikvermittlung in der Demokratie, Schwalbach, Ts., S. 10–21.

Heinrich-Böll-Stiftung (2015): Jahresbericht 2014, in: https://www.boell.de/sites/default/files/heinrich_boell_stiftung_jahresbericht_2014.pdf (; Zugriff am 14.2.2016).

Horvath, M. e. a. (o.J.): Definition Bruttoinlandsprodukt (BIP), in: http.//wirtschaftslexikon.gabler.de/Definition/bruttoinlandsprodukt-bip.html (; Zugriff am 19.3.2016).

International Monetary Fund (2015): Regional economic outlook, Sub-Saharan Africa, in: https://www.imf.org/external/pubs/ft/reo/2015/afr/eng/pdf/sreo0415.pdf ().

Investopedia (o.J.a): Group Of Seven (G-7) Definition, in: http://www.investopedia.com/terms/g/g7.asp (Onlineveröffentlichung vom 21.3.2016; Zugriff am 21.3.2016).

Investopedia (o.J.b): World Economic Forum Definition,

in: http://www.investopedia.com/terms/w/world-economic-forum.asp (; Zugriff am 21.3.2016).

K. Frhr. von Weizsäcker, R. et al (o.J.): Definition Bruttonationaleinkommen (BNE),

in: http://wirtschaftslexikon.gabler.de/Definition/bruttonationaleinkommen-bne.html (Online-veröffentlichung vom 19.3.2016; Zugriff am 19.3.2016).

Kevenhörster, P./ van den Boom, D. (2009): Entwicklungspolitik, Wiesbaden.

Klein, M. (o.J.a): Definition » IWF «,

in: http://wirtschaftslexikon.gabler.de/Definition/iwf.html (; Zugriff am 21.3.2016).

Klein, M. (o.J.b): Definition » Lieferbindung / Tied Aid «,

in: http://wirtschaftslexikon.gabler.de//Definition/lieferbindung.html?referenceKeywordName =Tied+Aid (; Zugriff am 15.3.2016).

Klein, M. (o.J.c): Definition African Union (AU),

in: http://wirtschaftslexikon.gabler.de/Definition/african-union-au.html (; Zugriff am 21.3.2016).

Klingebiel, S. (2011): Ergebnisbasierte Entwicklungszusammenarbeit: Grenzen neuer Ansätze, in: https://www.die-gdi.de/uploads/media/AuS_15.2011.pdf (; Zugriff am 18.3.2016).

Klingebiel, S. (2012): Entwicklungszusammenarbeit: Auslaufmodell oder Entwicklungsmotor für Subsahara-Afrika?, in: https://www.die-gdi.de/uploads/media/AuS_3.2012.pdf ().

Klingebiel, S. (2013): Entwicklungszusammenarbeit, in: https://www.die-gdi.de/uploads/media/Studies_73.pdf ().

Klingsbögl, H. (2015): Jahresbericht 2014,

in: http://www.hss.de/uploads/tx_ddceventsbrowser/Jahresbericht_2014_Web.pdf (; Zugriff am 01.3.2016).

Knoke, I./Morazán, P. (2011): Entwicklungsfinanzierung: Alte Versprechen und neue Wege, in: http://www.suedwind-institut.de/fileadmin/fuerSuedwind/Publikationen/2011/2011-18_Entwicklungsfinanzierung._Alte_Versprechen_und_neue_Wege.pdf (; Zugriff am 19.3.2016).

Lenel, A. (2013): Volkswirtschaftslehre III. Einführung in die internationalen Wirtschaftsbeziehungen. Hochschule RheinMain: Wiesbaden Business School, Wiesbaden.

Leonhard, R. (2012): Was war los in Busan?, in: http://www.suedwind-magazin.at/was-war-los-in-busan (; Zugriff am 23.3.2016).

Loewe, M. (2005): Die Millennium Development Goals: Hintergrund, Bedeutung und Bewertung aus Sicht der deutschen Entwicklungszusammenarbeit, in: https://www.die-gdi.de/uploads/media/12-2005.pdf ().

Ludermann, B. (2012): "Ringen um den richtigen Weg". Ein Gespräch über Förderpolitik und Freiheit in der Zusammenarbeit, in: Misereor, EED, Bundesministerium für wirtschaftliche Zusammenarbeit und Entwicklung [Hrsg.]: Vertrauen auf die Kraft der Armen, S. 3–7.

Luther, S. e. a. (2015): Entwicklungszusammenarbeit - Zwischen Geben und Nehmen, in: https://www.hss.de/uploads/tx_ddceventsbrowser/AMEZ15_Online_2_02.pdf (; Zugriff am 23.2.2016).

Manning, R./Reveyrand, M. (2003): Harmonising donor practices for effective aid delivery, in: https://www.oecd.org/dac/effectiveness/20896122.pdf (; Zugriff am 24.2.2016).

Martens, J. (2014): Die Wirklichkeit der Entwicklungspolitik 2014. Eine kritische Bestandsaufnahme der deutschen Entwicklungszusammenarbeit, in: http://www.tdh.de/fileadmin/user_upload/inhalte/10_Material/Wirklichkeit_der_Entwicklungspolitik/2014-22_Wirklichkeit_der_Entwicklungspolitik.pdf ().

Martens, J. (2015): Die Wirklichkeit der Entwicklungspolitik 23. Bericht 2015, in: http://www.welthungerhilfe.de/ueber-uns/mediathek/mediathek/bericht-wirklichkeit-entwicklungspolitik-2015-pdf.html?type=6663&tx_rsmmediathek_fe1%5Baction%5D=singleDownload (; Zugriff am 23.2.2016).

Marx, K. (1961): Das Kapital - Kritik der politischen Öökonomie, Berlin.

Morazán, P./Müller, F. (2014): BRICS als neue Akteure der Entwicklungspolitik, in: http://www.suedwind-institut.de/fileadmin/fuerSuedwind/Publikationen/2014/2014-06_BRICS_als_neue_Akteure_der_Entwicklungspolitik.pdf (; Zugriff am 23.2.2016).

Moyo, D. (2010): Dead aid. Why aid makes things worse and how there is another way for Africa / Dambisa Moyo, London.

Mwanza Nkusu (2004): Aid and the Dutch Disease in Low-Income Countries: Informed Diagnoses for Prudent Prognoses, in: https://www.imf.org/external/pubs/ft/wp/2004/wp0449.pdf (; Zugriff am 19.3.2016).

Nuscheler, F. (2004): Entwicklungspolitik, Bonn.

Nuscheler, F. (2007): Entwicklungspolitik, in: Schmidt, S./Hellmann, G./Wolf, R. [Hrsg.]: Handbuch zur deutschen Außenpolitik, Wiesbaden.

OECD (o.J.a): Country Programmable Aid - A provider perspective, in: http://public.tableau.com/views/CPA-Donor/CPA-Donor?amp;:embed=y&:display_count=no&:showVizHome=no (Onlineveröffentlichung vom 14.3.2016).

OECD (o.J.b): DAC List of ODA Recipients, in: http://www.oecd.org/dac/stats/documentupload/DAC%20List%20of%20ODA%20Recipie nts%202014%20final.pdf (; Zugriff am 01.3.2016).

OECD (o.J.c): Development Assistance Committee (DAC), in: http://www.oecd.org/dac/developmentassistancecommitteedac.htm (Onlineveröffentlichung vom 12.2.2016; Zugriff am 01.3.2016).

OECD (o.J.d): Die OECD - OECD, in: http://www.oecd.org/berlin/dieoecd/ (Onlineveröffentlichung vom 11.2.2016; Zugriff am 01.3.2016).

OECD (o.J.e): Frequently Asked Questions, in: http://www.oecd.org/dac/stats/faq.htm (Onlineveröffentlichung vom 12.2.2016; Zugriff am 02.3.2016).

OECD (o.J.f): Members and partners, in: http://www.oecd.org/about/membersandpartners/ (Onlineveröffentlichung vom 12.2.2016; Zugriff am 01.3.2016).

OECD (o.J.g): Mitglieder und Partner, in: http://www.oecd.org/berlin/dieoecd/mitgliederundpartner.htm (Onlineveröffentlichung vom 12.2.2016; Zugriff am 01.3.2016).

OECD (o.J.h): The High Level Fora on Aid Effectiveness: A history, in: http://www.oecd.org/dac/effectiveness/thehighlevelforaonaideffectivenessahistory.htm#Ro me (Onlineveröffentlichung vom 12.2.2016; Zugriff am 24.2.2016).

OECD (2008): IS IT ODA?, in: https://www.oecd.org/dac/stats/34086975.pdf (Onlineveröffentlichung vom 2008; Zugriff am 01.3.2016).

OECD (2011): Busan Partnership for effective development co-operation, in: http://www.oecd.org/dac/effectiveness/49650173.pdf (; Zugriff am 28.2.2016).

OECD (2012): Aid Effectiveness 2011, in: http://www.keepeek.com/Digital-Asset-Management/oecd/development/aid-effectiveness-2011_9789264125780-en#page20 ().

OECD German Translation Service (2005): Paris Declaration on Effectiveness, in: www.oecd.org/dac/effectiveness/35023537.pdf (; Zugriff am 24.2.2016).

OKOTH, E. (2015): Africa to take 4 of 10 slots for fastest growing economies, in: http://www.nation.co.ke/lifestyle/smartcompany/Africa-for-fastest-growing-economies-globally/-/1226/2744754/-/xruv0mz/-/index.html (; Zugriff am 03.3.2016).

Paldam, M./Doucouliagos, H. (2007): The aid effectiveness literature:The sad results of 40 years of research, in: www.repository.cam.ac.uk/bitstream/handle/1810/195442/0773.pdf (; Zugriff am 24.2.2016).

Prestin K. et al (2010): 5 vor 2015, in: http://www.venro.org/fileadmin/Presse-Downloads/2010/Juni_2010/DSGA_MDG_Bericht_5.single.pdf (; Zugriff am 10.3.2016).

Raghuram G. Rajan/Arvind Subramanian (2009): Aid, Dutch Disease, and Manufacturing Growth, in: http://www.iie.com/publications/papers/subramanian0606.pdf (; Zugriff am 19.3.2016).

Rechtslexikon Lexexakt (o.J.): Menschenrechte, in: http://www.lexexakt.de/glossar/menschenrechte.php (; Zugriff am 21.3.2016).

Ribbeck, E. (2008): Human Development Index (HDI), in: http://www.bpb.de/internationales/weltweit/megastaedte/64733/hdi (Onlineveröffentlichung vom 21.3.2016; Zugriff am 21.3.2016).

Scholz, Imme und Brock, Lothar (2012): Vorreiterrolle gefragt. Die Kirchen müssen heute für eine Transformation in Richtung Nachhaltigkeit streiten, in: Misereor, EED, Bundesministerium für wirtschaftliche Zusammenarbeit und Entwicklung [Hrsg.]: Vertrauen auf die Kraft der Armen, S. 7–11.

Seitz, V. (2011): Afrika wird armregiert oder Wie man Afrika wirklich helfen kann, 5. Aufl., München.

Statista (2015): Weltbevölkerung nach Kontinenten 2015, in: http://de.statista.com/statistik/daten/studie/1723/umfrage/weltbevoelkerung-nach-kontinenten/ (; Zugriff am 03.3.2016).

Statistisches Bundesamt (2016a): Eckzahlen zum Arbeitsmarkt , in: https://www.destatis.de/DE/ZahlenFakten/GesamtwirtschaftUmwelt/Arbeitsmarkt/Eckwertetabelle.html (Onlineveröffentlichung vom 5.1.2016; Zugriff am 05.3.2016).

Statistisches Bundesamt (2016b): Entwicklungszusammenarbeit, in: https://www.destatis.de/DE/Publikationen/Thematisch/FinanzenSteuern/InfoblattEntwicklungZusammenarbeitPDF_0000085.pdf?__blob=publicationFile (; Zugriff am 18.2.2016).

Ulanowski, K. (2015): Jahresbericht 2014, in: http://library.fes.de/pdf-files/fes/03208/jb-2014.pdf (; Zugriff am 14.2.2016).

UNDP (2015): Work for human development, in: http://hdr.undp.org/sites/default/files/2015_human_development_report.pdf ().

United Nataions Economic Commission for Africa (2015): MDG Report 2015: Lessons learnt in implementing the MDGs,
in: http://reliefweb.int/sites/reliefweb.int/files/resources/MDG%20Report%202015_ENG.pdf (; Zugriff am 26.2.2016).

United Nations (o.J.): Chapter I, in: http://www.un.org/en/sections/un-charter/chapter-i/index.html (; Zugriff am 19.3.2016).

United Nations (2001): Third United Nations Conferencd on the Least Developed Countries, in: http://www.un.org/events/ldc3/conference/address/denmark.htm (; Zugriff am 10.3.2016).

United Nations (2016): Official Development Assistance | TRACKING SUPPORT FOR THE MDGS, in: http://iif.un.org/content/official-development-assistance (Onlineveröffentlichung vom 8.3.2016; Zugriff am 08.3.2016).

United Nations Conference on Trade and Development (o.J.): Map of the LDCs, in: http://unctad.org/en/Pages/ALDC/Least%20Developed%20Countries/LDC-Map.aspx (; Zugriff am 22.3.2016).

United Nations OHRLLS (2016): About LDCs, in: http://unohrlls.org/about-ldcs/ (; Zugriff am 02.3.2016).

van den Boom, D. (2011): Afrika: Aufstieg mit Hindernissen, in: Massing, P. e. a. [Hrsg.]: Politikvermittlung in der Demokratie, Schwalbach, Ts., S. 82–95.

Veltin, M. (2014): Afrikapolitische Leitlinien der Bundesregierung, in: http://www.allemagne.diplo.de/contentblob/4262948/Daten/4876190/01strategieafriquedtschdatei.pdf (; Zugriff am 04.3.2016).

Vereinte Nationen (2010): Offizielle Liste der Indikatoren für die Millenniums-Entwicklungsziele, in: http://www.un.org/depts/german/millennium/MDG-Indikatoren.pdf (; Zugriff am 26.2.2016).

Vereinte Nationen (2013): Millenniums-Entwicklungsziele, in: http://www.un.org/depts/german/millennium/MDG%20Report%202013_german.pdf (; Zugriff am 10.3.2016).

Vereinte Nationen (2015): Millenniums-Entwicklungsziele, in: http://www.un.org/depts/german/millennium/MDG%20Report%202015%20German.pdf (; Zugriff am 11.3.2016).

Volkmann, T. (2015): Jahresbericht 2014, in: https://www.freiheit.org/sites/default/files/uploads/2015/09/21/jahresberichtfnf2014.pdf (; Zugriff am 14.2.2016).

Weerth, C. (o.J.): Definition » Kaufkraftparität «,
in: http://wirtschaftslexikon.gabler.de/Definition/kaufkraftparitaet.html (; Zugriff
am 22.3.2016).

Weiß, O. (o.J.): TI-Deutschland: Was ist Korruption?, in: https://www.transparency.de/was-ist-korruption.2176.0.html (; Zugriff am 21.3.2016).

Wolff, J. H. (2011): Kritik an der Entwicklungshilfe - Eine Skizze, in: Massing, P. e. a.
[Hrsg.]: Politikvermittlung in der Demokratie, Schwalbach, Ts., S. 22–47.

World Bank (2015): World Bank Forecasts Global Poverty to Fall Below 10% for First
Time; Major Hurdles Remain in Goal to End Poverty by 2030,
in: http://www.worldbank.org/en/news/press-release/2015/10/04/world-bank-forecasts-global-poverty-to-fall-below-10-for-first-time-major-hurdles-remain-in-goal-to-end-poverty-by-2030
(; Zugriff am 24.3.2016).

World Economic Forum (2011): The Africa competitiveness report 2011,
in: http://www3.weforum.org/docs/WEF_GCR_Africa_Report_2011.pdf (; Zugriff
am 12.2.2016).

World Economic Forum (2015): The Africa Competitiveness Report 2015,
in: www3.weforum.org/docs/WEF_ACR_2015/Africa_Competitiveness_Report_2015.pdf
(; Zugriff am 27.2.2016).

Youth for Human Rights (o.J.): Allgemeine Erklärung der Menschenrechte der Vereinten
Nationen, in: http://de.youthforhumanrights.org/what-are-human-rights/universal-declaration-of-human-rights/articles-1-15.html (Onlineveröffentlichung vom 22.2.2016; Zugriff
am 21.3.2016).